ADS. *TopFit beim Lernen!*

Bedienungsanleitung für dein Gehirn

Elisabeth Aust-Claus
Petra-Marina Hammer

OptiMind media

Inhaltsverzeichnis

ADS. TopFit beim Lernen

Bedienungsanleitung für dein Gehirn

1. Clever durch die Schule - trotz ADS 7

- Clever, aber trotzdem Frust in der Schule? 7
- Die Hardware Gehirn und dein Programm LernFit 9
- Infopool: Gehirn mit der Software LernFit 12

2. Dein Programm LernFit - fast genial, wenn nicht öfters die Fehlerteufel-Bande zuschlagen würde 15

- Das Team Clever & Co weiß Bescheid über die Info-Verarbeitung beim Lernen 16
- ADS und die andere Info-Verarbeitung: Fehlerteufel leider sehr aktiv .19
- Infopool: ADS und die besondere Art zu lernen 23
- Die Fehlerteufel 24

1. Die Fehlerteufel-Bande Hypie, Schussel und Panix stellt sich vor 24
2. ADS mit Hyperaktivität: Hypie und Schussel oft sehr aktiv 26
3. Die andere Info-Verarbeitung bei ADS kann auch Vorteile haben 28
4. ADS ohne Hyperaktivität: besonders Schussel und Panix in Aktion ..30

3. Lernen leicht gemacht - trotz ADS

- Abwehrstrategien und Tools vom Team Clever & Co gegen die Fehlerteufel-Bande -

3.1. Der Anfang - manchmal das größte Problem

-Wenn der Start ins Programm „LernFit“ klemmt - 37

- Checkliste 38
- Infopool: Start ins LernFit-Programm hängt 40
- Team Clever & Co: Konkrete Hilfen zum Start 41

3.2. Wie verbessere ich meine Konzentration?

- Wenn der Input von Info nicht immer optimal ist - 61

- Checkliste 62
- Infopool: Info-Aufnahme nicht optimal 65
- Team Clever & Co: Konkrete Hilfen zur optimalen Info-Aufnahme und zum konzentriertem Arbeiten 66

3.3. Vergesslichkeit - Zeige ihr die „Rote Karte“

- Wenn Daten schnell verloren gehen - 81

- Checkliste 82
- Infopool: Arbeitsspeicher zu klein ? 86
- Team Clever & Co: Konkrete Hilfen bei schlechter Merkfähigkeit 87

3.4. Ein Plan ist alles - Arbeiten mit System

- Update für dein Programm LernFit - 109

- Checkliste 110
- Infopool: Chaos verhindern - verknüpfte Datenpakete helfen 113
- Team Clever & Co: Konkrete Hilfen für schnelles und systematisches Arbeiten 114

3.5. Motivation

- die optimale Softwarepflege für LernFit - 139

- Motivation - Power für LernFit 140
- Ziele erreichen 147
- Automatisieren - Einmal ist keinmal 150
- Im Schlaf lernen? - geht! 152
- Akku laden - Energie tanken 155

4. Vorlagen zum downloaden 159

- www.opti-mind.de 159
- Wochenplaner 160
- Hausaufgabenplaner 161
- Arbeitsplaner 162

Clever durch die Schule – trotz ADS

Clever, aber trotzdem Frust in der Schule?

Was denkst du: Wovon hängt es eigentlich ab, Schule in den Griff zu bekommen? „Natürlich von der Cleverness und wie viel man in die Birne hereinbekommt", antworten die meisten. Und was macht Cleverness aus? Hat es nur damit zu tun, schnell und logisch denken zu können? – Nein, denn das können viele Schüler, aber sie sind leider nicht alle erfolgreich.

Gerade wenn du ADS (AufmerksamkeitsDefizitSyndrom) hast, kann die Schule zum Problem werden. Obwohl du eine Menge Grips hast, scheint dir dies nicht immer zu nützen. Manche Lehrer sagen, dass du nur zu faul wärst und könntest, wenn du nur wolltest. Das stimmt zwar auch nicht, aber irgendwie klappt es einfach nicht optimal.

Dann macht sich Stress breit, und die Noten werden immer schlechter. Je höher die Klasse, umso schneller dreht sich das „Frust-Karussel".

Wir können zwar nicht zaubern, aber wir können dir einige Tricks verraten, wie man seine Ziele als Schüler besser erreicht. Auch für Schüler mit ADS gibt es Strategien, die dir helfen, deine Talente beim Lernen in der Schule zu nutzen und erfolgreich zu sein. Du wirst sehen, es ist gar nicht so schwer, und es kann sogar Spaß machen.

Lies einfach einmal die nächsten Seiten durch. Vielleicht bekommst du dann auch Lust einige der Tipps von Clever & Co auszuprobieren.

Wir gehören zum Team Clever & Co. Damit du weißt, mit wem du es auf den nächsten Seiten zu tun hast, stellen wir uns einmal kurz vor:

Wir sind Expertinnen für Probleme beim Lernen. Wir möchten dir erklären, wie dein Gehirn beim Lernen funktioniert, und wie du dein persönliches Lernprogramm optimal nutzt. Wir geben dir zunächst eine kurze Einführung in deine Hardware Gehirn und die für das Lernen spezielle Software LernFit. Dieses Programm LernFit hat jeder Mensch, ob klein, groß, dick oder dünn. Es muss sich im Leben auf immer neue Aufgaben einstellen.

• Die Hardware Gehirn und dein Programm LernFit

Vielleicht kennst du auch noch den alten Spruch von früher, dass Cleverness von der Größe des Kopfes abhängt. Klingt ja logisch - je größer der Kopf, desto mehr passt rein. Noch vor weniger als 100 Jahren hat ein Schlauberger behauptet, dass man nur Professor werden könne, wenn man mindestens 52 Zentimeter Kopfumfang hat. „So ein Blödsinn!", sagst du jetzt wahrscheinlich und hast damit Recht. Denn inzwischen haben Forscher vielen Genies in den Kopf geschaut: Einige hatten große Denkapparate – viele Superhirne waren aber auch richtig klein. So einfach ist das also nicht. Die Forscher meinen heute, dass Klugheit nicht von der Kopfgröße sondern der richtigen „Verkabelung" und von der richtigen Nutzung der Programme im Gehirn abhängt.

Das wollen wir dir etwas näher erklären:
Dein Gehirn, das „Oberstübchen" in deinem Kopf, schaltet und waltet, steuert und regelt unermüdlich – und gibt den Forschern bis heute noch jede Menge Rätsel auf. Aber einiges darüber wissen sie schon und natürlich auch vieles über die optimale Gebrauchsanweisung.

Unter dem Mikroskop betrachtet besteht dein Gehirn aus einem Wirrwarr von Milliarden Nervenzellen. Diese Nervenzellen haben in alle möglichen Richtungen Fortsätze - Forscher nennen sie Axone und Dendriten. An speziellen

Andockstellen – den Synapsen – sind diese Fortsätze verschiedener Nervenzellen miteinander verbunden. So entsteht ein richtiges Gestrüpp: das „Netzwerk Gehirn“.

Diese Fasern sind nun tatsächlich so etwas wie Telefonkabel: Durch sie empfängt die Zelle ständig Signale von anderen Nervenzellen. Manchmal leitet sie die Nachricht dann weiter: „Habt ihr schon gehört...?“ Manchmal bleibt sie einfach stumm. Wie und ob die Nachricht weitergeleitet wird und mit wem Verbindung aufgenommen wird, ist programmiert.

Diesen Vorgang nennen wir dann „etwas Neues lernen“. Forscher glauben, dass ständig neue Verbindungen geknüpft werden, wenn du etwas lernst.
Bei Babys haben die „Neuronen“ – so werden die Nervenzellen von den Forschern genannt – noch sehr wenige Kontakte zu ihren Nachbar-Zellen. Anders bei Kindern und Erwachsenen: Da hat jede Nervenzelle Tausende von Verbindungen. Manche quasseln sogar mit 100 000 anderen Zellen!

Wahrscheinlich sind die Nervenzellen von schlauen Menschen besonders kontaktfreudig.
Je schneller Verbindungen aufgebaut werden – man nennt das „vernetzen“ – umso besser funktioniert unser „Gehirncomputer“. Und genau das möchte natürlich auch jede Schülerin und jeder Schüler.

Aber manchmal gibt es auch Probleme!
Nichts ist so frustrierend, wie wenn man bei der Mathearbeit einfach nicht ins richtige „Programm", z.B. die Bruchrechnung, kommt, hängen bleibt oder ständige Programmabstürze zu verzeichnen hat. Dann bleibt nur das Gefühl im Kopf „totaler Black-out" oder „Brett vor dem Kopf" und alles Gelernte ist irgendwie vergessen. Das ist natürlich furchtbar ärgerlich!
Aber das muss nicht so sein, wenn ich etwas über die optimale Nutzung meiner Programme im Gehirn weiß. Vielleicht probierst du einige unserer "Tools" (englisch und bedeutet: Werkzeuge - so nennt man in der Computersprache Hilfsprogramme, wenn es irgendwo im System Probleme gibt) aus.

Clever & Co stellen einige hilfreiche Tipps vor.

Infopool:

>> Gehirn mit der Software LernFit

Name:
Gehirn

Besondere Eigenschaften:
Das Gehirn ist jedem PC weit überlegen und hat unzählig viele Programme, auch das Programm zum Lernen „LernFit". Die Programme tauschen untereinander Daten aus und stellen neue Verknüpfungen her.
Es ist 24 Std. in Aktion und macht eigentlich nie richtig schlapp.

Erfreulich: *Es ...*

- *kommandiert zum Teil ganz selbständig die Körperfunktionen*
- *ist zuständig für Ideen, Gedanken, Träume, Erinnerungen usw.*
- *kann in Sekundenschnelle unglaublich viele Infos verarbeiten, sortieren, wieder abrufen und auch neu verknüpfen.*

Weniger erfreulich: *Es ...*

- *ist anfällig gegen Fehlerteufel, die den Programmablauf stören und zu viel Frust führen; dann kann auch mal das Programm abstürzen, Daten können falsch verarbeitet werden oder sind nicht wieder auffindbar.*

Sensationell: *Es ...*

- *kann sich lebenslang auf neue Herausforderungen einstellen*
- *besitzt über 100 Milliarden Nervenzellen, die untereinander wiederum Tausende von Verbindungen haben. Das reicht, denn damit besitzt du:*

  dreimal mehr als ein Gorilla
  sieben Millionen Mal mehr als eine Heuschrecke
  und etwa 900 Millionen Mal mehr als ein kleiner Wurm.

Ist dir schon mal aufgefallen: Für jede noch so einfache Maschine gibt es eine Gebrauchsanweisung. Bevor du eine neue Stereoanlage benutzt, oder wenn du dich das erste Mal mit dem neuen Betriebssystem auf deinem PC beschäftigst, schaust du dir sinnvollerweise die mitgelieferte Betriebsanleitung an oder du aktivierst die Hilfefunktion.
Dein Gehirn und deine LernFit – Software benutzt du täglich und musst sie beim Lernen besonders geschickt einsetzen. Aber eine Bedienungsanleitung dafür wurde vermutlich nicht mitgeliefert. Denkst du, das wird auch schon so klappen? – Irrtum!
Mag sein, dass es irgendwie funktioniert, aber du brauchst dann mit Sicherheit eine Menge mehr Probedurchgänge und wirst öfters schimpfen, weil es einfach nicht optimal funktioniert.
Um das zu verhindern, schauen wir uns im nächsten Kapitel einmal genauer dein Programm für das Lernen – LernFit – an.

VOKABELN!
SUUUPER!
RECHNEN
%
NOTE 1
GUT
TEST: 1,1
BIO
KUNST

Dein Programm LernFit

» .. fast genial, wenn nicht öfters die Fehlerteufel-Bande zuschlagen würde

*Der Hauptjob eines Schülers ist es,
Lösungen zu finden
- meist für Aufgaben, die der Lehrer vorgibt.*

Dieses Schicksal trägt jeder Schüler, ob er in der 1. Klasse sitzt oder fast das Abitur in der Tasche hat.
Wie arbeitet dein Programm, wenn die Lehrerin z.B. wissen will, wie ein englischer Satz auf Deutsch lautet oder was die Summe von 3/8 + 2/4 ist?

Damit du nicht so viel lesen musst, zeigen wir dir ein Modell von deinem Programm LernFit, und wie es mehrmals am Tag bei den unterschiedlichsten Aufgaben abläuft:

Das Team Clever & Co weiß Bescheid über die Info-Verarbeitung beim Lernen

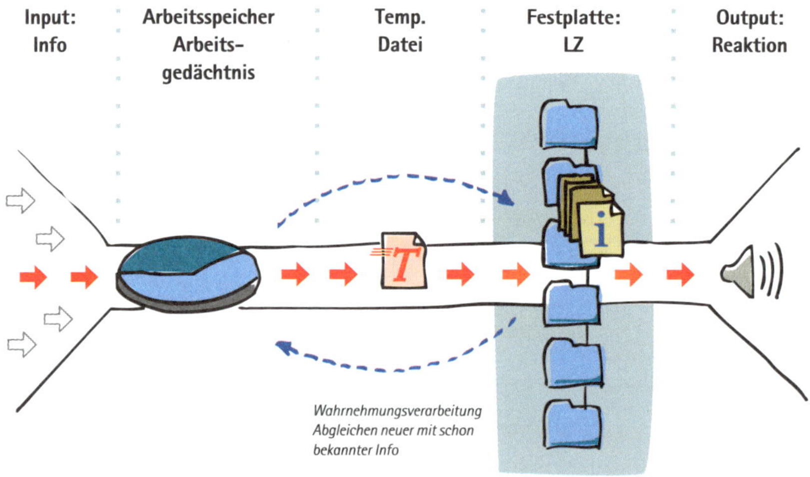

Ein Beispiel: du sollst im Unterrichtsfach Mathematik die Regeln zur Addition von Bruchzahlen lernen.
Was passiert?

- Dein Lehrer erklärt die Aufgabe und schreibt sie an die Tafel. Es werden also in deinem Programm LernFit neue Daten oder Infos geladen. Diese neue Info nimmst du über die Ohren auf oder scannst sie von der Tafel ab. Voraussetzung ist natürlich, dass bei dir alles „auf Empfang" geschaltet ist. In diesem Moment bekommst du die Zahlen und Erklärungen von deinem Lehrer mit - in der Computersprache hast du einen neuen **„Daten-Input"**.
- Wenn du jetzt die Erklärung von deinem Lehrer über das Geheimnis der Bruchrechnung als Info geladen hast, geht diese zunächst in dein **„Arbeitsgedächtnis"**. (Weil die Info hier nur kurz haften bleibt, nennen manche diesen Datenspeicher auch „Kurzzeitgedächtnis".) Das entspricht beim Computer dem **„Arbeitsspeicher"**. Wir finden die Begriffe Arbeitsspeicher und Arbeitsgedächtnis besser, weil hier wirklich etwas getan wird. Dies ist also der Ort, an dem eine neue Info zwischengespeichert wird und mit alten, dir schon bekannten Daten aus dem **„Langzeitgedächtnis"** - beim Computer die Festplatte - verknüpft und abgeglichen wird; z. B. sind für dich Brüche in der Mathematik keine Zeichen von Außerirdischen, sondern du hast wahrscheinlich schon mit einfachen Brüchen gearbeitet oder davon gehört. Diese Daten hast du zum Glück schon auf der **Festplatte** und kannst sie aktivieren, um jetzt auch auf schnellem Weg die Tricks beim Addieren von zwei Brüchen zu lernen.

Und genau diese Vorausplanung und Strategien, wie und was du miteinander addieren musst und in welcher Reihenfolge, passieren in deinem Arbeitsspeicher, dem Arbeitsgedächtnis.

- Manchmal ist es hilfreich, zusätzlich bei schwierigen und langen Aufgaben Zwischenschritte zu machen und Datenpakete zu erstellen, die dann schneller und besser weiterverarbeitet werden können - in der Computersprache sind das die sogenannten **„TEMP-Dateien“** (Temp für temporär, dies bedeutet zeitlich befristet) also Dateien, die du manchmal nur vorübergehend brauchst.

Je schneller diese Info-Verarbeitung in deinem Programm LernFit abläuft, umso schneller findest du die Antwort und bist mit der Aufgabe fertig. Voraussetzung ist natürlich, dass du diesen Programmablauf gut kennst, öfters ausprobiert hast und er dann fast automatisch läuft.
Genau dieses nennen wir auch Lernen. Der Lernstoff „sitzt im Kopf“, ist jederzeit parat und kann abgerufen werden. Er hat jetzt einen festen Platz auf deiner Festplatte, dem Langzeitgedächtnis und kann immer wieder aktiviert werden.

Wenn du z. B. Buchstaben als Schriftzeichen automatisiert hast und die Verknüpfung zu Wörtern und Sätzen in rasender Geschwindigkeit beherrschst, bekommst du deinen Text oder sogar ein ganzes Buch schnell in den Kopf. Es dauert sehr viel länger, wenn du die Buchstaben als Info erst noch einmal genau analysieren und dich erinnern musst, was sie eigentlich bedeuten. Dann dauert die Verarbeitung von Info - in diesem Fall das Lesen – natürlich weitaus länger.

Es wäre natürlich klasse, wenn dieses Programm LernFit bei jeder anstehenden Info-Verarbeitung immer so optimal laufen würde. Wie ist das bei dir?
Leider schleichen sich manchmal Fehlerteufel ein und treiben dann ihr Unwesen. Bei manchen Schülern ist die Fehlerteufel-Bande so aktiv, dass die Aufnahme und die Verarbeitung von Infos an einigen Stellen nicht optimal ist.

ADS und die andere Info-Verarbeitung - Fehlerteufel leider sehr aktiv

Bei Max ist das leider oft der Fall. Max ist clever und kann viele Sachen super gut. Er begreift Zusammenhänge sofort, hat tolle Ideen und ist witzig. Nur in der Schule ist er im Meistern von Lernanforderungen und beim Erledigen von Hausaufgaben nicht besonders erfolgreich. Er findet eigentlich alles, was mit Schule zu tun hat, besonders Hausaufgaben und Vokabeln-Lernen, nur noch ätzend.
Er ärgert sich, dass er oft Arbeiten verhaut und auf keinen grünen Zweig kommt. Er muss sich viele Kommentare und Ratschläge anhören wie:

- Konzentriere dich doch endlich!
- Trödele nicht so herum und schieb nicht immer alles vor dir her!

- Pass doch im Unterricht auf und lass dich nicht ständig ablenken!
- Du könntest viel bessere Noten haben, wenn du nicht so faul wärst und endlich etwas für die Schule tun würdest!
- Wenn du weniger Schusselfehler machen würdest, wäre die Arbeit zwei Noten besser!
- In vielen Fächern hättest du kein Problem, wenn deine Heftführung ordentlicher wäre und du deine Aufgaben vollständig erledigen würdest.

Warum klappt es bei Max nicht optimal? Eigentlich will auch er seinen Job als Schüler gut erledigen und ist ehrgeizig; aber die verflixten Fehlerteufel tauchen leider immer wieder bei ihm im LernFit-Programm auf.
Denn Max hat ADS (**A**ufmerksamkeits**D**efizit**S**yndrom) und mittlerweile viel Motivation zum Lernen verloren.

Seit Max aber einige Tools von Clever & Co regelmäßig benutzt, läuft auch sein Programm beim Lernen ohne Störungen. Er hat wieder Erfolge. Auch andere registrieren, dass er clever ist. Er kann dank der Hilfen und dem Anwenden von Tricks seine Jobs „Hausaufgaben“ und „Arbeiten vorbereiten“ schnell und effektiv erledigen. Er ist jetzt mit sich und seiner Welt zufrieden und hat wieder mehr Freizeit.

Was passiert bei Max, der eine so genannte Aufmerksamkeitsstörung (ADS) hat?

Weil Max ADS hat, hat er eine andere Art Infos aufzunehmen und zu verarbeiten. Diese Besonderheiten können in vielen Situationen klasse sein. Er ist sehr erfinderisch, hat immer witzige Einfälle, ist clever und pfiffig; nur für seinen Job als Schüler ist diese Art, Infos zu bearbeiten und ein gutes Ergebnis zu erreichen, nicht unbedingt passend. Max kann nämlich nicht gut aufpassen, ist schnell ablenkbar und mit den Gedanken oft woanders. Er bekommt nicht immer alles mit, ist vergesslich und wirkt manchmal wie ein zerstreuter Professor. Öfters vergisst er seine Hausaufgaben oder hat seine Materialien im Unterricht nicht vollständig dabei. Sein Arbeitstempo ist oft zu schnell oder auch zu langsam, einfach nicht der Aufgabe angepasst. Max will alles möglichst schnell erledigen, dabei übersieht er Details und rums – wieder mal ein Flüchtigkeitsfehler. Diesmal hat er die Vorzeichen der Matheaufgabe nicht genau angeschaut. Außerdem wird ihm alles schnell langweilig: für die Arbeit lernen, Hausaufgaben ordentlich erledigen, überhaupt länger schreiben und…

Wenn dann auch noch der Erfolg ausbleibt, und Max sich im Notenkarussel befindet, dann werden Lernen und der Job „Schule meistern" natürlich noch furchtbarer; es gibt mehr Stress mit Eltern und Lehrkräften. Alles zieht sich wie ein Kaugummi oder wird zu einem riesigen Berg.

Max kann zwar lange über die blöde Schule, die doofen Hausaufgaben oder den langweiligen Mathelehrer diskutieren, nur nützt ihm das nicht so sehr viel. Dadurch werden die 6 Stunden Unterricht jeden Tag oder die Klassenarbeiten nicht leichter und der Lernstoff auch nicht spannender. Es muss also eine andere Lösung her!

Wenn du noch mehr über ADS wissen möchtest, kannst du vieles in unserem Buch „Das ADS-Buch" (Oberstebrink-Verlag) nachschauen.

Ähnlich wie Max ergeht es vielen Schülern, die zwar einen Kopf und auch die Software LernFit besitzen, sie aber nicht effektiv nutzen.

Kennst du ähnliche Hindernisse beim Lernen wie Max?

Bevor du dir überlegst, welche besonderen Tools du vielleicht zur Optimierung deines Programms LernFit installieren willst, schau dir hier noch einmal kurz an, wie anders die Funktionsweise und die Info-Verarbeitung bei ADS sein können.

Infopool:

ADS und die besondere Art zu lernen

Name:
*ADS bedeutet **A**ufmerksamkeits**D**efizit**S**yndrom*

Besondere Eigenschaften:
Jemand mit ADS ist clever und pfiffig, meist sehr spontan, handelt ohne viel nachzudenken und ist scheinbar immer auf dem Sprung, manchmal aber auch abgetaucht. Seine Laune schwankt zwischen total begeistert und gut gelaunt oder enttäuscht und motzig. Dabei ist er sehr sensibel, wirkt auf andere aber meist cool.

Erfreulich: *Er oder sie ...*

- *hat immer neue Ideen, ist witzig, neugierig, kreativ;*
- *hat viele besondere Begabungen;*
- *kann vieles gleichzeitig aufnehmen, scheint alles – auch Unwichtiges – um sich herum mitzubekommen.*

Weniger erfreulich: *Er oder sie ...*

- *ist hektisch oder verträumt, arbeitet zu oberflächlich, verbreitet Chaos;*
- *ist vergesslich, hat wenig Durchhaltevermögen;*
- *reagiert überwiegend nach dem Lustprinzip, alles andere wird vor sich her geschoben.*

Kommentare der Lehrer: *Er oder sie ...*

- *ist unkonzentriert, passt nicht auf, träumt oder schwätzt;*
- *hat häufig die Hausaufgaben nicht vollständig, arbeitet zu unordentlich, bereitet Arbeiten nicht ausreichend gut vor;*
- *könnte besser abschneiden, wenn er weniger Flüchtigkeitsfehler machen würde.*

Sensationell: *Er oder sie ...*

- *lässt sich nicht so schnell unterkriegen, Mentalität: „Steh-auf-Männchen".*

Die Fehlerteufel

1. Die Fehlerteufel-Bande Hypie, Schussel und Panix stellt sich vor

Typisch für ADS macht sich in der Info-Verarbeitung - also im Programm LernFit - die Fehlerteufel-Bande mit Hypie, Schussel und Panix breit. Natürlich können auch bei jedem andern diese Fehlerteufel zuschlagen und lästig werden, leider treten sie bei ADS besonders häufig auf und versuchen immer wieder den Programmablauf in der Info-Verarbeitung zu stören.

Zum Glück kennen Clever & Co effektive Abwehrstrategien, um Fehlerteufel wie Hypie, Schussel und Panix in die Flucht zuschlagen.

Aber zunächst: Mit wem haben wir es eigentlich zu tun?

Hypie »

… ist immer dabei, wenn es um „Action“ geht. Er sorgt dafür, dass alles nur schnell, dafür aber oberflächlich gemacht wird. Ausdauer ist für ihn ein Fremdwort, und alles was keine Lust macht, wird sowieso abgehakt. Er liebt den Moment und denkt überhaupt nicht an morgen oder nächste Woche. Er lässt sich schnell begeistern und ist dann voll in Fahrt, andererseits kann er auch extrem schnell aus dem Programm springen und wütend werden. Darüber hinaus verbreitet er schnell Chaos und hat wenig Überblick.

Schussel »

… verleitet dazu, durch andere Programme zu surfen. Er verhindert, dass manchmal nur ein Programm wichtig bleibt, sondern springt von einem zum anderen. Er frisst gerne Daten oder schickt sie in den Papierkorb, wo sie dann gelöscht werden. Oft schaltet er sich auch in die Aufnahmekanäle ein und verhindert, dass Info überhaupt geladen wird und im richtigen Programm landet.

Panix »

… liebt es, sich vor Klassenarbeiten wichtig zu machen. Er turnt solange herum, verbreitet Hektik und Stress, bis das Programm komplett abstürzt. Er kann einen richtig ärgern, weil er Angst und Panik verbreitet, indem er ständig flüstert: „Kann ich sowieso nicht“, „Schaffe ich nie“, „Die andern sind sowieso besser als ich“.

Was können diese drei Fehlerteufel eigentlich so alles anstellen? Sie können leider öfters in einigen Bereichen den Ablauf und die Info-Verarbeitung im Programm LernFit stören.

2. ADS mit Hyperaktivität: Hypie und Schussel oft sehr aktiv

Woran sieht man die Aktivitäten dieser Fehlerteufel in Max Programm LernFit? Hier kurz einige Möglichkeiten:

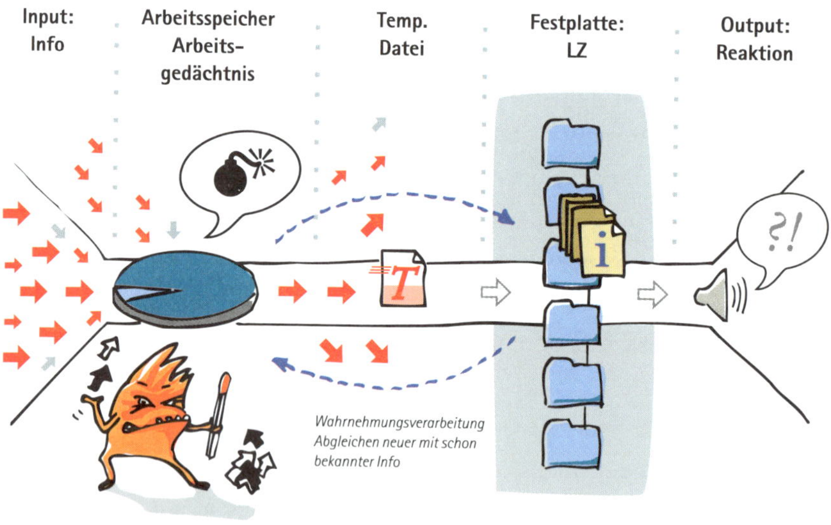

1. **Aufmerksamkeitsfokussierung schlecht**
   zu viele unwichtige Infos werden aufgenommen, wichtige Infos nicht vollständig

2. **Arbeitsspeicher zu klein und überlastet**
   Absturz, Vergessen

3. **Temp. Datei unvollständig**
   kein systematisches Arbeiten, wenig Handlungsplanung

4. **Oft Probleme in Wahrnehmungsverarbeitung**
   da nur fragmentierte Info vorhanden

5. **Inadäquate Reaktion**
   Schusselfehler etc.

Hypie und Schussel sind immer beim Input von neuen Infos und Laden der „wichtigen Daten" besonders aktiv. Sie flüstern Max ständig ins Ohr, „schnell, schnell" und verstellen oft zusätzlich die Aufnahmeantennen. Damit geben sie vie-len „unwichtigen Daten" die Chance, geladen zu werden. Max merkt das daran, dass er die Ausführungen seines Lehrers zur Addition von Brüchen nicht genau mitbekom-men hat, und er sich fragt „was hat er gesagt? wie war das noch?".

Dagegen weiß er noch genau, welchen Witz Felix zwei Tische vor ihm gerade erzählt hat oder auch dass Fabian einen obercoolen neuen Füller hat, mit dem er gerade sein Heft mit Zeichnungen verziert. Manchmal merkt sogar der Lehrer, dass Max nicht richtig aufpasst und anscheinend in anderen Programmen herumsurft, nur nicht im Rechenprogramm. Denn Max hat in diesem Moment die Frage des Lehrers überhaupt nicht mitbekommen und weiß logischerweise auch nicht die Antwort, obwohl er eigentlich ein guter Rechner ist. Hypie und Schussel haben erfolgreich verhindert, dass genügend Info an der richtigen Stelle landet, d.h. im Arbeitsspeicher.
Pech, oder? Besonders ärgerlich ist es für Max, wenn er Daten aus seinem Arbeitsspeicher wieder verliert. Auch hierfür sorgen Hypie und Schussel, manchmal auch vereint mit Panix. Denn es ist klar, wenn der Arbeitsspeicher mit einer Unmenge von Infos überfrachtet wird, die eigentlich für die Lösung nicht wichtig sind, gibt es – wie du es von anderen Programmen auch kennst – einen Programmabsturz.

Du hast dann das Gefühl, alles vergessen zu haben.

3. Die andere Info-Verarbeitung bei ADS kann auch Vorteile haben

Max hat natürlich auch eine Menge Vorteile auf Grund seiner besonderen Art, Infos zu verarbeiten. Denn ADS bedeutet nicht, dass es nur Probleme gibt. Jemand mit ADS ist oft besonders pfiffig, sprudelt vor Ideen und ist sehr kreativ.

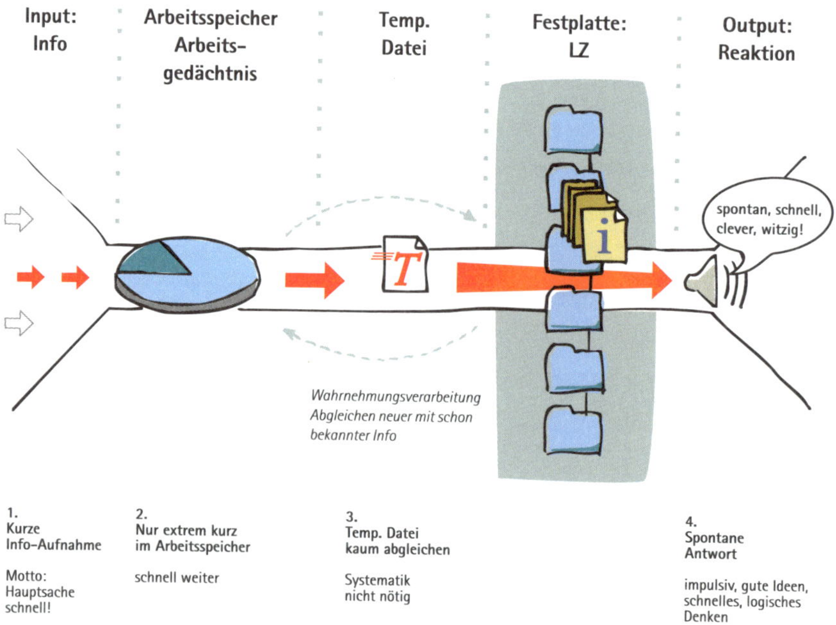

Wenn Max eine Antwort für „Schnelldenker“ auf eine Frage geben soll, ohne dass er erst lange hinschauen oder lange hinhören muss, klappt dies besonders gut. Er liebt es nämlich geradezu, Infos in rasender Geschwindigkeit aufzunehmen und diese ohne große Umwege oder Zwischenschritte direkt als Output auszuspucken. Er kann sich sofort zu einzelnen Daten viele Dinge gleichzeitig vorstellen. Dadurch hat Max zahlreiche Ideen und neue Einfälle und er glänzt mit seinen schnellen, logischen Schlussfolgerungen oder witzigen Kommentaren. Voraussetzung ist allerdings bei Max, dass ihn die neuen Daten wirklich interessieren, dass sie möglichst auf direktem Wege verarbeitet werden dürfen und dass man die Antwort möglichst schnell mündlich sagen kann.
Jeden Zwischenschritt auf der „Datenautobahn“ vermeidet er. Er startet sofort durch.

Diese Art der Info-Verarbeitung umschreiben Fachleute auch mit den Begriffen:

- sehr motivationsgesteuert
- impulsiver Arbeitsstil
- assoziativer Denkstil
- kreativ

Leider sind beim Lernen und im Unterricht nicht immer „assoziatives Denken“ oder „impulsiver Arbeitsstil“ gefragt und passend, sondern man muss nach der Devise „Schritt-für-Schritt“ vorgehen können oder einfach nur „Fakten lernen und wiedergeben“ beherrschen.

Auch kannst Du nicht immer für alles hochmotiviert sein und Ergebnisse schnell mündlich zum Besten geben.
Dein Programm LernFit sollte deshalb flexibel sein und mehrere Möglichkeiten der Info-Verarbeitung beherrschen und verschiedene Strategien anwenden können.

Du bist dann erfolgreich, wenn du dich auf die verschiedenen Bedingungen und Aufgaben passend einstellen kannst.

Dazu gehören leider nicht nur Cleverness und Kreativität, sondern auch gute Aufmerksamkeitsfunktionen, Vorausschau und gute Arbeitsplanung. Und wie du weißt, ist dies oft bei ADS ein Problem. Das Programm „LernFit bei ADS“ möchte bei Max immer nur die eine Sorte von Info-Verarbeitung machen - wie du schon erfahren hast, ansonsten lässt es der Fehlerteufel-Bande so viel Freiraum, dass es nicht reibungslos und erfolgreich laufen kann. Es gibt dann oft nur ein Entweder - Oder und wenig dazwischen. Wenn man die Fehlerteufel in Schach hält, kann sich natürlich auch das LernFit Programm z. B. bei Max auf andere Optionen in der Info-Verarbeitung einstellen und erfolgreicher arbeiten.

4. ADS ohne Hyperaktivität: besonders Schussel und Panix in Aktion

Wie du sicherlich weißt, kann man **ADS mit oder auch ohne Hyperaktivität** haben. Je nachdem sind die einzelnen Fehlerteufel unterschiedlich stark.

Bei Jule, die ADS ohne Hyperaktivität hat, ist Hypie nicht so aktiv, dafür führen Schussel und Panix die Regie und können genau wie bei Max ihr LernFit Programm erheblich durcheinander bringen.

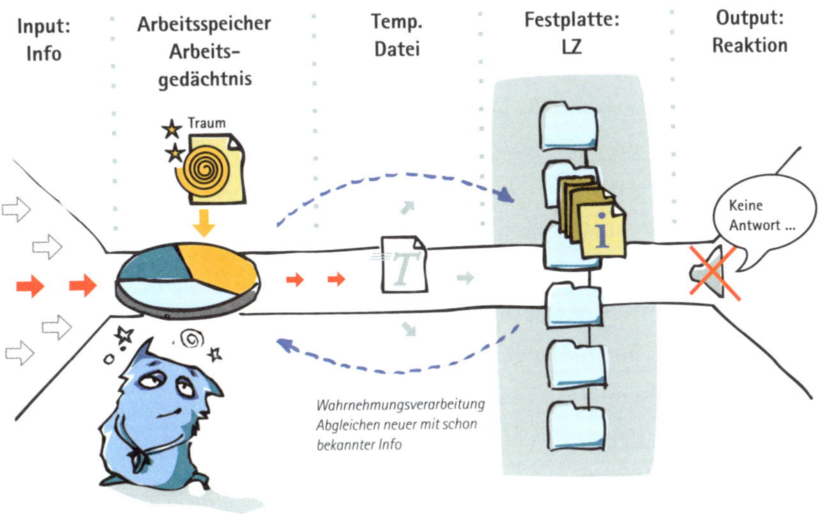

1.
Aufmerksamkeitsfokussierung schlecht

zu wenig Infos werden aufgenommen, wirkt abwesend

2.
Arbeitsspeicher zu klein, überlastet mit Infos aus anderem Programm

bleibt hängen, langsam, vergesslich

3.
Temp. Datei ist unvollständig

kein systematisches Arbeiten, wenig Handlungsplanung

4.
Oft Probleme in der Wahrnehmungsverarbeitung

da nur unvollständige Info vorhanden

5.
Unpassende Reaktion

wirkt geistig nicht anwesend, sehr langsam, verträumt, es steht wenig im Heft

Besonders Schussel ist dafür verantwortlich, dass es mit der Info-Aufnahme und manchmal auch mit dem Programmstart nicht so gut klappt.

Jule wirkt häufig abwesend und verträumt. Es gelangen bei ihr also Daten aus „Traumwelten" in den aktuellen Arbeitsspeicher, die mit den Erzählungen der Lehrerin wenig zu tun haben. Bei Jule gehen die Gedanken sehr schnell auf Wanderschaft, und sie spult manchmal mitten im Unterricht ein eigenes, inneres Video ab, in dem Bilder auftauchen, die sie aus früheren Erlebnissen abgespeichert hatte.
Die Lehrerin registriert eigentlich nur, dass Jule geistig nicht anwesend zu sein scheint. Nur hartnäckige Aufforderungen - wie vielleicht laut ausgesprochene Ermahnungen - helfen, ins aktuelle und gewünschte „Programm Unterricht" wieder einzusteigen. Das Arbeitstempo ist in der Regel dann zu langsam. Der Input von wichtiger Info ist – ähnlich wie bei Max – nicht optimal. Wichtige Daten werden oft nicht vollständig in den Arbeitsspeicher geladen oder kommen dort nur unvollständig an.

Weil dummerweise der Arbeitsspeicher bei ADS auch noch zu klein geraten ist, gehen an dieser Stelle schon geladene Daten wieder verloren.
Dann ist systematisches Arbeiten in einem Programm schwierig. Panix liebt diese Situation! Er verbreitet dann die Gedanken „kann ich sowieso nicht", „ich bin doch sowieso dumm". Manchmal geht dann im LernFit-Programm nichts mehr richtig und Jule hat das Gefühl eines „volligen Black-out", obwohl sie die Aufgaben zuhause in aller Ruhe lösen konnte.

Auch wenn Max und Jule es auf Grund ihrer ADS-Problematik schwerer als andere Schüler haben und immer

wieder mit den Störmanövern der Fehlerteufel-Bande konfrontiert werden, müssen sie nicht den Kopf in den Sand stecken. Es gibt gute Strategien, Fehlerteufel zu bekämpfen und so in der Schule besser zurechtzukommen.
Dann kann Lernen plötzlich wieder mehr Spaß machen. Max und Jule müssen besondere Tools als Fehlerteufel- Abwehr installieren und können sich dann freuen, wenn ihr LernFit-Programm störungsfrei läuft.

Beide brauchen diese Tools nur dort anwenden, wo dies nötig ist. In Situationen, in denen ihnen ihre andere Info-Verarbeitung bei ADS Vorteile bietet, sind natürlich keine Optimierungsmaßnahmen nötig. Max soll weiterhin gute und pfiffige Ideen haben, spontane schnelle Antworten geben, allerdings nur, wenn es zur Situation passt. Jule darf auch in ihre Träume abtauchen, wenn sie Rollenspiele macht oder malt, aber nicht im Unterricht oder bei den Hausaufgaben.
Beide sollen nur beim Erledigen ihres Jobs als Schüler den Fehlerteufeln ein nicht zu großes Aktionsfeld überlassen

Je mehr Max und Jule über ihre Besonderheiten Bescheid wissen, umso besser können sie ihre Stärken einsetzen, und sich im Kampf gegen die Fehlerteufel üben.

Max und Jule haben ein Trainingsprogramm absolviert, in dem sie mit der Software LernFit vertrauter geworden sind und mit ihr besser umgehen können. Sie wissen jetzt, dass sie nicht nur Besitzer dieser tollen Software sind, sondern auch **aktive Nutzer**. Sie überlassen jetzt nicht mehr alles dem Zufallsprinzip, sondern sie nutzen viele praktische Tools, um ihr Ziel „Lernerfolg" zu erreichen.

Max ist mittlerweile schon so fit, dass er jetzt dem Lernen sogar etwas Positives abgewinnen kann. Er hat viel mehr Zeit, Freunde zu treffen, Sport zu machen und kann ohne schlechtes Gewissen auf den Fussballplatz gehen.
Jule spart mittlerweile so viel Zeit bei den Hausaufgaben, dass sie sich wieder verabreden kann, an einer Theatergruppe teilnimmt, und sie nicht mehr ständig von dem Gedanken „Kann ich nicht!" begleitet wird. Schule und Lernen sind zwar noch anstrengend, aber auch sie ist nicht mehr machtlos gegen ihre „Aufschieberitis" und lässt sich nicht alles vermiesen.

Hast du nicht Lust, ebenfalls einige Tools auszuprobieren, um dein LernFit-Programm besser nutzen zu können?

Vielleicht hast du in der Schule keinen Einführungskurs **„Praktische Anwendung des Programms LernFit"** erhalten. Viele Lehrer denken, dass man vieles automatisch kann. Vielleicht gibt es auch solche Beispiele. Aber mit ADS und der anderen Info-Verarbeitung bist du jedoch häufig auf eine besondere Unterstützung angewiesen.

Probiere einfach die Installation einiger Tools in der Benutzung deiner Software LernFit aus. Nimm Abschied vom Pokern und der Zufallsvariante – das macht dir nur Stress und kostet viel Energie und Zeit!

Viel Spaß dabei!

...LOS!
START

Lernen leicht gemacht – trotz ADS

Die Abwehrstrategien von Clever & Co gegen die Fehlerteufel-Bande

3.1

Der Anfang

– manchmal das größte Problem –

>> Wenn der Start ins Programm LernFit klemmt

Geht es dir ähnlich wie Max, der zunächst viele Telefonate braucht, um überhaupt erst einmal zu wissen, was eigentlich zu erledigen ist?
Bist du auch jemand, der sich durch alles Mögliche ablenken lässt?
Viele Dinge auf dem Schreibtisch rufen, „lies mich", „schau mich an", „probiere mich aus", „spiel mit mir"… und leider zu häufig gelingt es ihnen, dich davon abzubringen, endlich mit den Hausaufgaben loszulegen.

Checkliste: Kennst du das auch von dir?

???

	ja	nein
Schiebst du Hausaufgaben und Vorbereitung für Klassenarbeiten vor dir her- nach dem Motto „nur nicht jetzt – lieber morgen"	☐	☐
Findest du tausend andere Dinge, die dir in den Sinn kommen, und mit denen du dich dann auch beschäftigst?	☐	☐
Findest du immer Gründe, nicht sofort anzufangen? - sagst du oft „gleich", „ später" oder „ nicht jetzt"?	☐	☐
Lässt du dich schnell ablenken?	☐	☐
Machst du alles auf den letzten Drücker - wenn überhaupt?	☐	☐
Gibt es nachmittags bei euch auch ständig Krach wegen Hausaufgaben und Lernen?	☐	☐
Bekommst du in der Schule häufig den Kommentar " Wenn du besser aufgepasst hättest, dann..."	☐	☐
Hast du Zeitprobleme und wirst mit den Aufgaben nicht zügig fertig?	☐	☐
Machst du deine Hausaufgaben häufig kurz vor dem Unterricht?	☐	☐
Passiert es dir oft, dass du kurz nach dem „Start" in die Hausaufgaben z.B. auf die Toilette musst oder Hunger hast oder..?	☐	☐

>> *.. zum Ankreuzen!*

« Prüfe dich selbst und kreuze einmal ohne viel nachzudenken an, ob auch dir das oft passiert.

» Kommst du auf mehr als auf drei Treffer?
Dann sind bei dir die Fehlerteufel leider auch schon aktiv und stören den Start ins richtige Programm „Hausaufgaben machen“ oder „Lernen“. Wenn du nicht sicher bist, dann stoppe doch einfach mal die Zeit, die dein Programmstart frisst.
Bevor Max aktiver Nutzer seiner Software LernFit wurde, hat er den größten Teil seines Nachmittags mit Motzen über das Thema Schule und Hausaufgaben verbracht. Durch seine „Schieberitis“ stand nichts im Heft oder die Vokabeln waren nicht abgespeichert. Seine Zeit und Energie waren aber mal wieder verspielt. Denn wirklich genießen, konnte er das „Nichtmachen“ und „Spielen mit anderen Dingen“ nicht, da die Aufgaben ihm im Nacken saßen und er sowieso ein mulmiges Gefühl bei dem Gedanken an die nächste Englischarbeit hatte.

Infopool:

>> Start ins LernFit-Programm hängt

Problem:

Der Programmstart klemmt, verzögert sich oder wird heute gar nicht durchgeführt.

Andere Bezeichnung für das Problem:

Du fängst nicht an zu arbeiten, schiebst Hausaufgaben, Arbeitsvorbereitung, Vokabelnlernen etc. vor dir her.

Wer hilft beim Start?

Deine Begleiter Lern-Motivation und dein Zeitmanager.

Was macht LernFit?

LernFit muss aktiv aufgerufen werden und fordert eine Zeitlang die gesamte Rechenleistung deines Gehirns u.a. den Arbeitsspeicher und die Festplatte, um Infos zu laden, zu bearbeiten und abzuspeichern.

Das Programm LernFit kommt deshalb erst zum Einsatz, wenn andere Konkurrenz-Programme wie z.B. PC-Spiele, Fernseh-Berieselung oder Comic-Hefte geschlossen sind oder zumindest in den Hintergrund geschaltet werden.

Wie löse ich das Problem?

„Ablenk-Programme" wie z.B. dein PC-Spiel aus deinem sichtbaren Arbeitsbereich verbannen und dann aktiv den Start-Button von LernFit drücken.

Erfreulich:

Der erste Schritt ist der schwerste. Es gibt aber gute Tricks, diesen hinter sich zu bringen, um schnell ins Programm zu kommen. Wenn Du den Trick raus hast, installiert sich bei wiederholter Anwendung ein Autostart, und du musst nur noch die Zeit vorgeben.

Clever & Co zeigen dir einige Tipps und Tricks, Hypie und die anderen Fehlerteufel in Schach zuhalten und den Programmstart vorn LernFit schneller hinzubekommen. Probiere sie einfach für dich aus. Dann kannst du dich anschließend ohne schlechtes Gewissen und ohne lästige „Ich-muss-noch...-Gedanken“ in deinen anderen Spaßprogrammen austoben und hast wirklich Zeit für sie.

Team Clever & Co: Konkrete Hilfen zum Start

• Mein Zeitmanager

Sind dir auch solche Sprüche bekannt:

Zeit ist Geld.
Geld kann man sparen.
Zeit wohl kaum.
Aber nutzen kannst du sie.

Oder:

Frage dich mehrmals am Tag:
Nutze ich jetzt in diesem Augenblick
meine Zeit am besten?

Oder:

Wer zu spät kommt,
... den bestraft das Leben.

Welche Sprüche fallen dir dazu ein:

____

____

____

____

____

____

Wie steht es bei dir mit dem Zeitmanagement – optimal oder verbesserungswürdig?

Mal ganz ehrlich,
kreuze für dich das Zutreffende an:

	ja	nein
Kommst du häufig zu spät?	☐	☐
Vertrödelst du Zeit?	☐	☐
Träumst du manchmal vor dich in?	☐	☐
Nimmst du dir meist zu viel auf einmal vor?	☐	☐
Fühlst du dich oft unter Zeitdruck?	☐	☐
Bleibt dir nur wenig Zeit für Dinge, die dir Spaß machen?	☐	☐
Bist du im Stress?	☐	☐

Wenn du mehrere Fragen mit ja beantwortet hast, dann haben sich Zeitkiller bereits bei dir zu schaffen gemacht. Es ist sinnvoll, dein Zeitmanagement zu optimieren.

• Zeit sparen, sofort anfangen

Nimm es einfach hin, dass man als Schüler seinen Job nicht um 13 Uhr beim letzten Klingeln in der Schule erledigt hat und zum Freizeitprogramm übergehen kann, sondern dass leider noch das Erledigen von Hausaufgaben ansteht.
So oder so wirst du um diesen oft blöden und unbequemen Job nicht herumkommen. Denk nicht lange darüber nach, sondern leg einfach los!

- **Starterleichterung mit Wecker:**

Installiere als Startzeichen ein lautes Weckerklingeln. In der Schule beginnen der Unterricht und das LernFit-Programm auch in der Regel mit einem akustischen Zeichen und zu einer vorgegebenen Uhrzeit. Bei den meisten ist der Start um 8:00 Uhr.
Setze dir auch eine feste Zeit, wann dein LernFit-Programm mittags starten soll. Lasse den Fehlerteufeln keine Chance, die dir immer zuflüstern „jetzt nicht", „später", „hab keine Lust". Das Klingeln bedeutet: JETZT!

- **Mein Wochenplan**

Ein Plan hilft, Unbequemes schnell zu erledigen und schafft mehr Freizeit!

Wochenplaner

von: ____________ bis: ____________

Zeit	Montag	Dienstag	Mittwoch	Donnerstag	Freitag	Samstag	Sonntag
13:00 - 13:30					↑ Mathearbeit		
13:30 - 14:00	HA		HA		HA		
14:00 - 14:30	**HA** Mathe	**HA**	**HA** Mathe	**HA**			
14:30 - 15:00		HA Mathe		HA Mathe			
15:00 - 15:30							
15:30 - 16:00							
16:00 - 16:30		**Fussball**					
16:30 - 17:00		Fussball					
17:00 - 17:30					**Judo**		
17:30 - 18:00					Judo		
18:00 - 18:30							
18:30 - 19:00							
19:00 - 19:30							
19:30 - 20:00							

Max hat in seinen Wochenplaner feste Hausaufgabenzeiten für jeden Tag eingetragen. Wie du siehst, beträgt die tägliche Arbeitszeit nachmittags ungefähr 1 Stunde. Bei dir sollte es vielleicht ähnlich aussehen, da der Job eines Schülers in der 5. bis 10. Klasse aus mindestens einer Stunde Hausaufgabenzeit besteht. Dies wird zwar nicht immer von den Lehrern definitiv so gesagt, aber als bekannt vorausgesetzt.

Es gibt für die Hausaufgabenpflichten sogar Richtwerte, die je nach Bundesland etwas verschieden sind.
Als Faustregel gilt:

In der 4. Klasse darf ein Schüler höchstens 60 Minuten Hausaufgaben machen.
In den Klassen 5. und 6. soll die Hausaufgabenzeit zwischen 1 und 1,5 Std. betragen.
In den Klassen 7. bis 9. sind es zwischen 1,5 und 2 Stunden.
In den Klassen 10. bis 13. durchschnittlich 2 Stunden.

Zum Arbeitsmanagement gehören natürlich auch Vokabeln lernen, Fächer vor- und nachzuarbeiten und Klassenarbeiten vorzubereiten. In Rot trägt sich Max täglich feste Übungszeiten ein z. B. für die Mathearbeit am Freitag.
Hier schon mal vorab: Der Stoff sitzt besser und sicherer, wenn du dir regelmäßig kleine Lern-Pakete vornimmst und nicht versuchst, alles in einem Tag vor der Arbeit in den Kopf zu bekommen. Das geht meistens schief.

Dein Ziel ist möglichst viel Freizeit – ohne schlechtes Gewissen.
Trage dir deshalb auch in den Plan ein: Wann triffst du Freunde? Wann findet Fußballtraining statt? etc.
Wenn du deinen Job als Schüler erledigt hast und dein Programm LernFit nachmittags beendest, wirst du ein gutes Gefühl haben, mit dir zufrieden sein und umso besser dein Freizeitprogramm genießen können.

Wochenplaner

von: ____________ bis: ____________

Zeit	Montag	Dienstag	Mittwoch	Donnerstag	Freitag	Samstag	Sonntag
13:00 - 13:30							
13:30 - 14:00							
14:00 - 14:30							
14:30 - 15:00							
15:00 - 15:30							
15:30 - 16:00							
16:00 - 16:30							
16:30 - 17:00							
17:00 - 17:30							
17:30 - 18:00							
18:00 - 18:30							
18:30 - 19:00							
19:00 - 19:30							
19:30 - 20:00							

(als pdf in der homepage www.opti-mind.de)

- **Noch ein Tipp: BITTE NICHT STÖREN SCHILD**

Für deine Arbeitszeit hänge ein „BITTE NICHT STÖREN“-Schild vor deine Zimmertür, wenn du in Ruhe lernen willst!

- **Schieberitis-Gedanken bremsen**

Sende diese Gedanken in den Papierkorb! Wenn du willst, kannst du sie dir vorher auf einen Zettel schreiben und zur Seite legen. Nach Beenden des Programms LernFit kannst du sie noch einmal durchgehen, ob sie überhaupt noch aktuell sind oder gleich gelöscht werden können.

Mache dir zum Motto: Programmstart LernFit sofort, damit z.B. „doofe Hausaufgaben“ erledigt sind und ohne Stress andere Programme gestartet werden können.
Die Fehlerteufel-Bande Hypie, Schussel und Panix haben dann wenig Chancen, den Start ins Programm zu behindern.

- **Trainiere dein Zeitgefühl**

Trage eine Armbanduhr!
Stelle einen großen Wecker auf deinen Schreibtisch oder einen 60-Minuten-Timer.

Nichts dauert ewig. Stopp die Zeit für das Packen deines Ranzens oder für das Erledigen der Matheaufgaben oder für das Abschreiben der Geschichte. Du wirst feststellen, es hat ……….. Minuten gedauert - nicht ewig!

Lasse dem Chaos und den Zeitfressern nicht so viel Chancen. Sage der Schieberitis den Kampf an!

- **Wie viel Zeit brauche ich überhaupt?**

Mit der Zeiteinschätzung steht Max auf Kriegsfuss. Es ist wie verhext, Zeit beim Actionspiel fliegt geradezu vorbei, und beim Lernen zieht sie sich endlos in die Länge.
Für ihn ist völlig klar, dass die Wörter „Hausaufgaben" oder „Mathe üben" immer den ganzen Nachmittag versauen und sowieso Stunden Arbeit bedeuten. Auch wenn es wirklich wenige Aufgaben sind, die vielleicht zügig in 20 min erledigt wären, hat Max hier eine andere Zeiteinschätzung. Deshalb fängt er natürlich auch gar nicht erst an.

Max hat sich einverstanden erklärt, einen Tipp von Clever & Co auszuprobieren und sein „Zeitgefühl" einmal zu testen: Er hat mit seiner Mutter eine Liste gemacht mit 4 Spalten:

1. Spalte: Aufgaben die erledigt werden müssen
2. Spalte: von Max geschätzte Zeit für Matheaufgaben
3. Spalte: mit Stoppuhr gemessene Zeit, die er wirklich gearbeitet hat
4. Spalte: Zeit, die verloren gegangen ist für sein Schimpfen über die doofen Aufgaben, Diskussionen, ob das heute gemacht werden muss… u.s.w

Max Schätzprotokoll

Aufgaben:	Max: geschätzte Zeit	Diskussionen, Ablenkmanöver	Wirkliche Arbeitszeit
Matheaufgaben, Seite 38	*Weiss nicht, ätzend viel, wahrscheinl. 1 Std.*	*25 min*	*18 min*
Deutsch, Grammatikübungen	*Wahrscheinlich mind. 1/2 Std.*	*20 min*	*15 min*
Bio- Zus. Photosynthese	*Kann ich schon, brauch ich nicht*	*10 min*	*Wiederholen und Abfragen durch M.: 10 min*
Geschichte: Text Seite 85 - 99 "Röm. Staat"	*10 min*	*10 min*	*10 min*

Du siehst, dass Max Schwierigkeiten hat, seine wirkliche Arbeitszeit richtig einzuschätzen. Für ihn erscheint nämlich alles Unbequeme wie ein riesiger Berg. Die Ablenkmanöver, Motzgedanken und Schieberitis nehmen viel Zeit ein, sogar mehr als die wirkliche Zeit fürs Arbeiten.

Wie sieht es bei dir aus? Wäre doch toll, wenn du die Zeitfresser aus der mittleren Spalte schon einmal eleminieren und die gewonnene Zeit auf dein Freizeitkonto gutschreiben könntest.

Bei diesem Zeit-Schätzprotokoll gewinnst du nicht nur Überblick über deine tatsächliche Arbeitszeit, sondern du kannst auch feststellen, ob die vom Lehrer geschätzte Arbeitszeit stimmt oder vielleicht auch überschritten wird. Denn auch Lehrer können sich mal irren.

Es ist spannend, wenn andere aus deiner Klasse ebenfalls solch ein Zeit-Schätz-Protokoll ausgefüllt haben. Vielleicht kommen sie zu ähnlichen Ergebnissen wie du.
Jans Englischlehrer hatte z. B. immer 40 Vokabeln zum Lernen aufgegeben und angenommen, man könnte dies in zwanzig Minuten gut schaffen. Durch das Schätzprotokoll haben aber mehrere Schüler festgestellt, dass sie mindestens 30 Minuten gebraucht hatten und einige sogar fast eine Stunde! Der Englischlehrer ließ sich auf ein Experiment ein. Die Schüler gaben ihm 40 spanische Vokabeln - für ihn also unbekannte Vokabeln. Nach 35 Minuten brach er das Vokabeln-Lernen genervt ab... Seitdem gibt er nur noch höchstens 15 Vokabeln an einem Tag zum Lernen auf.

- **Was sind meine Zeitfresser?**

Schreibe sie hier einfach einmal auf. Sei ehrlich zu dir und sammle über eine Woche alle Gedanken und Aktionen, die den Programmstart "Hausaufgaben" oder "Lernen" verzögern.
Welche Programme sind also spannender und verhindern so den Start in die Hausaufgaben?

1. ______________________
2. ______________________
3. ______________________
4. ______________________
5. ______________________

Bei vielen stehen an oberster Stelle: Telefonate, SMS lesen und beantworten.
Hast du schon einmal darüber nachgedacht, wie lange sich der Start hinauszögern kann oder wie oft deine Arbeit dadurch unterbrochen wird, weil du bei jedem Klingeln direkt aufspringst oder nur kurz ein kleines Spiel auf dem PC „zur Entspannung“ machen willst? Lasse am besten während deiner Arbeitszeit keine Zeitdiebe zu. Führe zum Telefonieren „Sprechzeiten“ ein, du kannst ja später zurückrufen oder antworten. Nach kurzer Zeit wissen deine Freunde, wann du am besten erreichbar bist und halten sich daran.

• Wo läuft dein Programm LernFit am besten? - Arbeitsplatz ohne Chaos

Wie sieht dein Arbeitsplatz aus? – auch so oder nicht ganz so schlimm?

Kannst du dir vorstellen, dass du an diesem Schreibtisch sofort mit deinen Hausaufgaben loslegen kannst? Wahrscheinlich nicht!

Du müsstest zunächst einen Platz finden, wo das Mathebuch und dein Heft hingelegt werden könnten. Auf der Suche nach so einem Platz würden dir sehr viele Dinge in die Hände und den Sinn kommen, die spannender sind als Hausaufgaben.

Wie also sollte der Schreibtisch aussehen?

Natürlich möglichst leer, damit dein Arbeitsbuch und deine Arbeitsmaterialen überhaupt Platz haben. Alle anderen Dinge, die nur Ablenkungsmanöver einleiten können oder auch der Schieberitis freien Lauf geben, müssen möglichst schon am Vorabend vom Schreibtisch verbannt sein. Denn dann kannst du direkt nach dem Mittagessen loslegen, ohne zunächst aufräumen zu müssen. Denn Aufräumen ist meistens auch ein ätzender Job, der deine Motivation für die Hausaufgaben nicht erhöht.

Deshalb besser nach dem Motto:

abends vor dem Einschlafen ist der Schreibtisch leer geräumt. Es liegen nur die nötigen Arbeitsmaterialien auf dem Tisch.

- **Ein kleiner Test:**

Streiche bei den folgenden Aussagen alles durch, was sich für das Erledigen der Hausaufgaben ungünstig auswirken könnte. Benutze beim Durchstreichen ein Lineal!

Der Arbeitsplatz

1. *Auf dem Schreibtisch liegt immer alles Mögliche herum.*
2. *Der Schreibtisch hat gutes Licht und genügend Platz für die nötigen Arbeitsmittel (Schulbücher, Hefte, Wörterbuch, Stifte...).*
3. *Ich lüfte hin und wieder den Arbeitsraum, um Sauerstoff zu tanken.*
4. *Was ich für die Hausaufgaben brauche, suche ich mir nach und nach zusammen.*
5. *Auf dem Schreibtisch liegen die Arbeitsmittel griffbereit.*

Zeichne die wichtigsten Arbeitsmittel so auf die Schreibtischfläche, dass sie immer griffbereit sind.

- **Mache dir eine Liste**

Vielleicht findest du auch diese Liste für deinen Arbeitsplatz hilfreich:

Kreuze an, ob die wichtigsten Arbeitsmittel vorhanden sind und in welchem Zustand sie sind:

Arbeitsmittel	überholungs-bedürftig	in Ordnung	fehlt
Füller			
Bleistift			
Farbstifte			
Tintenkiller			
Radiergummi			
Spitzer			
Lineal			
Geodreieck			
Schere			
Locher			
Klebestift			
Hefte			
Ringbuch od. Ordner			
Aufgabenheft			
Wochenplaner u. Stundenplan			
Notizzettel			
Rechtschreib-Duden			
Wörterbuch Englisch			

Motzgedanken bremsen – wohin damit?

Bevor du anfängst, wirf den ÄRGER in den PAPIERKORB

Worüber hast du dich heute wahnsinnig geärgert? Über einen Mitschüler? Über einen Lehrer? Über dich selbst? Hast du eine Arbeit verhauen? Was geht dir gerade im Moment auf die Nerven?

Hypie, Schussel und Panix tun alles, damit sich diese Ärgergedanken weiter breit machen. Mach damit Schluss, schreib sie einfach als Stichwort auf einen kleinen Zettel.Am besten zerknüllst du diesen „Ärger-Zettel“ zu winzigen Kügelchen und schmeißt ihn in hohem Bogen in den Papierkorb.

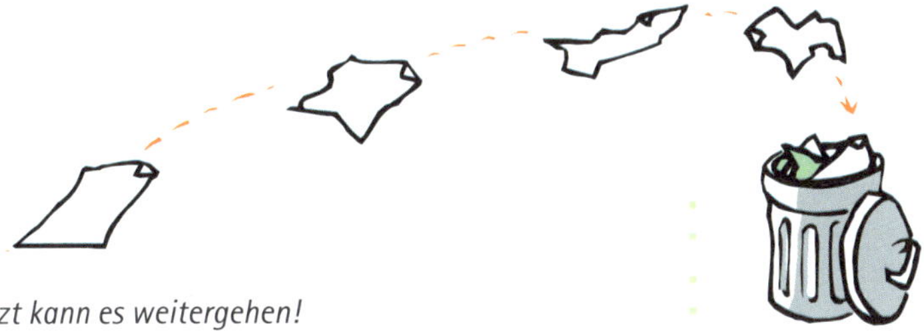

- So und jetzt kann es weitergehen!

Sich den FRUST von der SEELE schreiben

Wenn du Ärger hast, enttäuscht oder traurig bist, schreibe dir deinen Frust von der Seele. Dein Tagebuch kann eine fantastische Adresse sein. Vielleicht schreibst du es sogar in Geheimschrift auf.

Oder wenn du ungern schreibst, erzähle jemandem deinen Ärger.

Du wirst merken, dass hierbei die Wut einfach auch schnell verraucht. Manchmal sehen Dinge aus einer anderen Perspektive beleuchtet ganz anders aus.

Hausaufgaben beginnen im Unterricht!

Hast du manchmal die Hausaufgaben nicht gemacht, weil du sie einfach vergessen hast? Oder weil du sie nicht mehr so ganz genau wusstest? Oder weil du auch nicht mehr wusstest, dass ihr euer Bild am letzten Donnerstag abgeben solltet? Dafür gab es leider eine glatte 5 in Kunst. Und du hattest dich so bemüht! Dieses Problem kann man lösen!

Notieren gegen Vergessen !

Du solltest alles, was als Hausaufgaben aufgegeben wird, in dein Hausaufgabenheft kurz notieren. Was du einmal aufgeschrieben hast, brauchst du nicht im Kopf zu behalten und kannst damit deinen Arbeitsspeicher entlasten. Außerdem findest du es zuhause schnell wieder und hast sofort einen Überblick, was zu tun ist. Entweder benutzt du ein schon vorgeschriebenes Hausaufgabenheft, das es in jedem Schreibwarengeschäft gibt, oder du legst dir selbst eines an. Dies könnte dann so aussehen:

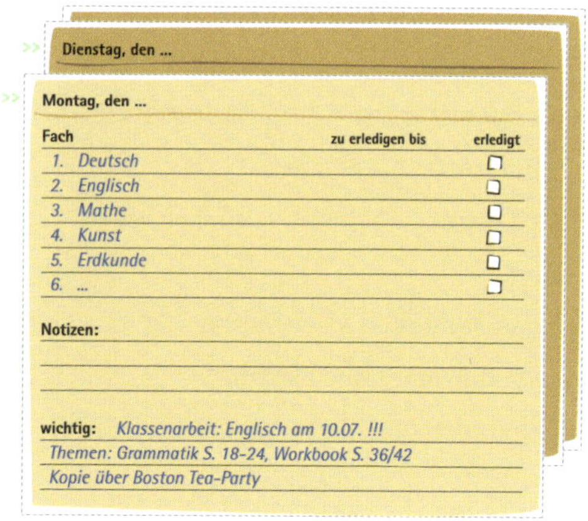

Dienstag, den ...

Montag, den ...

Fach	zu erledigen bis	erledigt
1. Deutsch		☐
2. Englisch		☐
3. Mathe		☐
4. Kunst		☐
5. Erdkunde		☐
6. ...		☐

Notizen:

wichtig: Klassenarbeit: Englisch am 10.07. !!!
Themen: Grammatik S. 18-24, Workbook S. 36/42
Kopie über Boston Tea-Party

Oder noch besser - du kannst so ein Heft auch auf deinem PC entwerfen und auf deinen Unterricht abstimmen.
Wie du in diesem Beispiel siehst, hast du dann viel Platz für Notizen und auch für Eintragungen, z.B. wann eine Klassenarbeit geplant ist und welche Themen in dieser Arbeit vorzubereiten sind.
Wenn du nachmittags die Aufgaben Schritt für Schritt erledigt hast, kannst du zufrieden einen Haken in der Rubrik „erledigt" machen oder einfach durchstreichen.

• Planung ist alles: Ranzen packen – beugt Fehlstarts am nächsten Tag vor

Wie und wann suchst du deine Arbeitsmaterialien für die Schule zusammen? Schleppst du alle Sachen sicherheitshalber mit? Hast du schon öfters etwas vergessen wie z. B. Zirkel, Arbeitsblätter für Bio, Zeichenblock, dein ausgearbeitetes Skript für das Erdkundereferat, …? – Dann wird es höchste Zeit, den Start in den Unterricht zu optimieren. Erspare dir den Stress morgens, sonst hast du gute Chancen in der Hektik etwas zu vergessen.
Versuche den Ranzen direkt nach dem Erledigen der Hausaufgaben für den nächsten Tag zu packen und an die Tür zu stellen.
Nimm dir kurz den Stundenplan vor, schau welche Fächer du am nächsten Tag hast und welche Materialien du für jedes Fach brauchst. Alles Übrige kommt in einen Stellordner auf deinen Schreibtisch oder in dein Regal.

Viele Schüler finden es hilfreich, wenn Bücher und Hefte für einzelne Fächer in einer Farbe eingebunden sind, dann finden sie sofort beispielsweise die blauen Mathehefte und das rote Heft mit Grammatikübungen für Deutsch etc.
Beim Ranzen-Packen fallen dir eventuell auch noch einzelne Kopien in die Hand, die du am besten schnell in das richtige Heft einklebst oder in den entsprechenden Ordner einheftest. Dann kann auch nichts verloren gehen.
Danach kannst du stressfrei, ohne noch viel an Schule denken zu müssen, dein Freizeitprogramm genießen.

- **Ein kleiner Test:**

Du hast jetzt viele Tools kennengelernt, um den Start ins Programm LernFit zu optimieren. Vielleicht kannst du jetzt Jonas helfen, der gerade an seinem Schreibtisch herumlümmelt und denkt: „Ich hasse Lernen. Hausaufgaben hasse ich wie die Pest. Mir stinkt alles. Ich werde nie fertig. Das ganze Leben ist beschissen."

Was würde deiner Ansicht nach Jonas helfen, die Hausaufgaben und sein Lernprogramm zu erledigen?

Was sollte Jonas tun?

- ☐ Ein paar Kniebeugen, damit die Müdigkeit vergeht?
- ☐ Am Computer spielen, damit Gedanken an die Hausaufgaben nicht auch noch den Rest des Tages versauen?
- ☐ Aus dem Fenster schauen und träumen?
- ☐ Eine bequeme, aufrechte Sitzhaltung einnehmen?
- ☐ Ein paar Takte peppige Musik zum Aufwachen hören?
- ☐ Erstmal eine Runde schlafen?
- ☐ Frische Luft ins Zimmer lassen und Sauerstoff tanken?
- ☐ Erstmal den Frust über Hausaufgaben und Lernen lautstark heraus motzen?
- ☐ In Selbstmitleid zerfließen und jammern, jammern, jammern?
- ☐ Saft trinken und Vitamine zu sich nehmen?

>> *.. zum ankreuzen!*

Was sollte Jonas denken?

- ☐ Hausaufgaben sind zwar bescheiden, aber sie sind zu erledigen
- ☐ Lernen treibt mich in mein Grab
- ☐ Hausaufgaben sind das Schlimmste auf der ganzen Welt
- ☐ Ich bin nicht nur für das verantwortlich, was ich tue, sondern auch für das, was ich nicht tue
- ☐ Wie schrecklich ist es, dass es den Nürnberger Trichter nicht gibt
- ☐ Nicht aufschieben - sofort erledigen
- ☐ Würde mich jemand auf dieser Welt lieben, würde er mich von den Hausaufgaben befreien
- ☐ Es gibt viel zu tun, packe ich es an
- ☐ Hausaufgaben rauben meine Freizeit - ich mache sie später
- ☐ Ich teile mir die Aufgaben in kleine Lernpakete
- ☐ Ich belohne mich nach den Hausaufgaben mit etwas, was mir Spaß macht

ENGL
MATHE
FRANZ
GEO
GESCH
RECHNEN
VOKABELN
WILLKOMMEN
MATHE
NOMEN

3.2

Wie verbessere ich meine Konzentration

Wenn der Input von Info nicht immer optimal ist

Was steckt eigentlich hinter den Begriffen „konzentriert und aufmerksam sein", „optimale Info-Aufnahme"? Sie sind dir sicher schon über den Weg gelaufen. Bei jemandem mit ADS klingen sie oft wie ein Vorwurf. Du hörst vielleicht auch ähnlich wie Max und Jule häufiger die Kommentare „unkonzentriert" und „unaufmerksam". Sie umschreiben eigentlich nichts anderes, als dass die gewünschte Info-Aufnahme nicht so optimal ist. Man bekommt das Wichtigste nicht genau mit, dafür aber eine ganze Menge anderer Dinge. Man muss öfters nachfragen: „Wie war das noch? Was hast du gesagt?" Oder man lässt sich schnell ablenken und macht viele Schusselfehler.

Geht dir das auch öfters so?

Checkliste: Kennst du das auch von dir?

???

	ja	nein
Schaust du nicht immer genau hin und vergisst schon einmal einen Buchstaben oder eine Zahl hinzuschreiben?	☐	☐
Brauchst du immer wieder Aufforderungen weiterzumachen?	☐	☐
Musst du öfters nachfragen: „Wie war das noch?"	☐	☐
Hörst du öfters den Kommentar „hör mir bitte zu?", „schau doch genau hin!"	☐	☐
Arbeitest du nach dem Motto „ alles schnell, schnell" oder „Hauptsache schnell fertig" ?	☐	☐
Bist du im Arbeitstempo zu langsam und wirst nie fertig?	☐	☐
Gehen deine Gedanken schnell auf Wanderschaft?	☐	☐
Lässt du dich schnell ablenken?	☐	☐
Verstehst du manche Anweisungen und Erklärungen nicht richtig, weil deine Ohren nicht auf Empfang gestellt sind?	☐	☐
Hörst du manchmal den Kommentar „scheint geistig nicht anwesend zu sein" oder „ müsste mehr mitarbeiten"?	☐	☐

.. zum Ankreuzen!

Kommst du auf mehr als drei Treffer?
Dann schaue dir die nächsten Seiten etwas genauer an. Wahrscheinlich wirst du dann auch bei dir feststellen, dass die Fehlerteufel es irgendwie schaffen, dich bei der „Info-Aufnahme“ – also beim konzentrierten Arbeiten - zu behindern. Die Resultate sind bekannt: Fehler im Heft oder Aufgabe nicht richtig gelöst.

Hast du schon einmal darüber nachgedacht, wie wir die Welt um uns herum aufnehmen? Scheinbar tun wir das jeden Moment ohne große Anstrengung – es passiert ohne unser Zutun. Es wäre zu schön, wenn die Vorstellung aus anno dazumal vom sog. „Lerntrichter“ stimmen würde und der Lehrer müsste uns etwas einflößen, damit es für immer in unserem Gehirn parat ist und wir ohne große Anstrengung die Daten wieder ausspucken könnten.

Wie du bestimmt schon selbst erfahren hast, funktioniert dies im normalen Schülerleben leider so nicht. Wir müssen dabei helfen und aktiv etwas tun. Das geschieht auch dadurch, dass wir Wichtiges von Unwichtigem unterscheiden können.

Es sollten nämlich nur die wichtigen Infos – diese aber vollständig – weitergeleitet werden. Dann kannst du sie in den nächsten Stationen schnell weiterverarbeiten.

Ein Beispiel:

Der Lehrer erklärt im Unterricht die Addition von Brüchen. Die für die Lösung der Matheaufgaben unwesentlichen Infos – z.B. das Gequatsche in der Reihe vor dir oder das Geräusch von einem vorbeifahrenden Motorrad – sollten möglichst in diesem Moment außen vor bleiben und nicht in das Programm LernFit geladen werden.

Dazu musst du aber aktiv deinne Antennen zur Aufnahme eineichen und gezielt einstellen. Das nennt man dann „gut aufpassen", „das Wichtige mitbekommen", „gut zuhören und hinschauen". Die Aufnahme der momentan „unwichtigen Infos" soll gebremst werden, um den „Arbeitsspeicher" im Gehirn nicht zu überlasten und zum Absturz zu bringen.

Bei ungefilterter Info-Aufnahme entsteht ansonsten schnell ein riesiges Datenchaos, aus dem du wenig klare Gedanken ableiten kannst – du bist durcheinander und du kannst nichts mehr behalten.

Totales Brett vor dem Kopf!

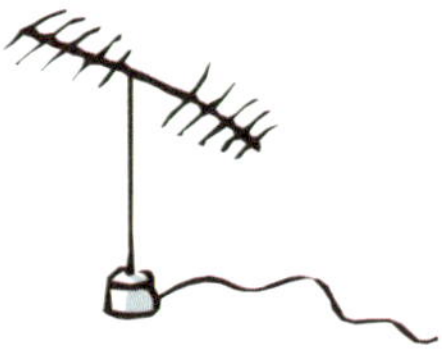

Wenn du auch etwas mehr Probleme hast, deine Antennen zu richten und deinen Aufnahmefilter für Infos entsprechend gut einzustellen, gibt es ein paar Tools zum Installieren, die Clever & Co hier beschrieben haben:

Infopool:

>> Info-Aufnahme nicht optimal

Problem:

Die „wichtige" Info wird nicht vollständig geladen und Details fehlen.

Andere Bezeichnung für das Problem:

Du bist unkonzentriert oder sprunghaft, bekommst nicht alles mit und/oder träumst.

Wer ist zuständig für Info-Aufnahme?

Deine Antennen (= Sinnesorgane) zur Außenwelt - Augen, Ohren, Körper- u. Tastsinn - zusammen mit dem Aufnahmefilter, der Infos in deinen Arbeitsspeicher hineinlässt oder vor Aufnahme blockiert.

Was macht dein Programm LernFit?

LernFit tut sein Bestes, aus den wenigen Fetzen Info etwas Vernünftiges zu produzieren.
Es können aber wegen fehlender Daten Fehlermeldungen auftreten. Dann droht Datenverlust, oder es wird eine fehlerhafte Datei erstellt.
Dann ist z. .B. das Ergebnis der Rechenaufgabe falsch.

Wie löse ich das Problem?

Deinen Scheinwerfer und die Aufnahmeantennen gezielt auf DIE INFO schwenken.
Im Moment nicht so wichtige Infos ausblenden.

Erfreulich:

Es funktioniert nach mehrmaligen Versuchen und der richtigen Einstellung der Aufnahmeantennen automatisch besser.

Team Clever & Co:
Konkrete Hilfen zur optimalen Info-Aufnahme und konzentriertem Arbeiten

- **Kleiner Konzentrations-Check Hinschauen**

A B C D E F G H I J K L M N O

P Q R S T U V W X Y Z Ä Ö Ü

L A M P E

Das Wort heißt LAMPE!

1 

2 

3 

4 

5 

6 

7 

Wie schnell hast du die Lösungen gefunden? Wie viele Fehler sind aufgetaucht? Musstest du öfter schimpfen, weil du dich vertan hast? Ist dir öfter passiert, dass du zu schnell warst und nicht genau hingeschaut hast?
So etwas Ähnliches wie in diesem kleinen Check machst du tagtäglich, wenn du von der Tafel abschreibst oder Matheformeln in dein Heft überträgst.

- **Kleiner Konzentrations-Check Hinhören**

Suche dir eine Kassette oder CD und höre dir ganz bewusst die Musik an. Bei diesem Check eignet sich am besten klassische Musik, es geht aber auch mit deiner Lieblings-CD. Konzentriere dich jetzt nur auf ein Instrument und folge ihm durch das ganze Stück. Schaffst du das, ohne an etwas anderes zu denken oder etwas anderes zu tun?
Drei bis fünf Minuten später probiere den nächsten Level aus: drehe jetzt die Lautstärke allmählich zurück. Stück für Stück, bis du die Musik kaum noch hören kannst. Wie leise schaffst du es?
Und zum Schluss versuche einfach die Lautstärke komplett auf 0 zu regulieren - und höre nur in die Stille hinein - eine ganze Minute… Was nimmst du dann wahr?

- **Aufnahmeantennen richten: Ohren spitzen**

Liste einmal auf, welche Geräusche und akustischen Infos du bei den Hausaufgaben im Raum hast?
Läuft vielleicht auch Musik im Hintergrund, hörst du vielleicht das Gequatsche aus dem Fernseher/Radio oder häufig ein Handyklingeln oder…???

Wie lange kannst du über den Kanal Ohren Infos von deinem Lehrer im Unterricht aufnehmen? Wie vollständig? Oder passiert dir auch häufig, dass alles Mögliche geladen wird, aber die wichtigen Infos zum Unterricht erst gar nicht richtig ankommen?
Noch ein kleiner Tipp: man kann besser zuhören, wenn man gleichzeitig Augen und Ohren auf Aufnahme gestellt hat. Wenn du jemandem zuhören willst, ist es weitaus leichter, wenn du ihn gleichzeitig anschaust und Blickkontakt aufnimmst. Probiere das auch mal im Unterricht mit deinem Lehrer aus!

• Genau hinschauen:
» Infos richtig und vollständig scannen

Scheinwerferspot auf das Wesentliche gerichtet?

Aufgabe:

Drehe aus einem Blatt Papier eine Art Fernrohr und lies einen Abschnitt im Schulbuch, indem du durch die Röhre guckst...

Oder nimm eine Lupe und lies einen Abschnitt in deinem Buch oder der Tageszeitung

Jetzt nimm anstelle der Lupe ein richtiges Fernglas zur Hand, stelle das Buch in einiger Entfernung vor dir auf und lies einen Abschnitt auf diese ziemlich umständliche Art. Wahrscheinlich wirst du erst einmal Mühe haben, das Fernglas so einzustellen, dass die Wörter scharf erscheinen.

Dazu brauchst du etwas Zeit! Zusätzlich wirst du eine ganze Menge anderer Dinge entdecken, vielleicht das Bild unten auf der Seite betrachten oder einen Schwenk im Zimmer machen und mit dem Fernglas aus dem Fenster schauen.

Fällt dir der Unterschied auf?
Versuche beim Lesen und Schreiben möglichst immer den Scheinwerferspot auf das Wesentliche einzuengen.

Richte beim Lesen und Schreiben die Scheinwerfer nur auf den Text, Zeile für Zeile – wie ein Scanner. Scanne diese Info mit deinen Augen Zeile für Zeile ein, indem du die darunter liegende Zeile mit einem weißen Papier oder Lineal abdeckst.

Natürlich sollten auch alle anderen Dinge wie Comic-Hefte, PC-Spiele etc. von deinem Schreibtisch aus dem Blickwinkel verschwinden.

• Stopp! - was ist hier gefragt?

Immer wenn du merkst, dass du deine Aufnahmeantennen nicht genau ausgerichtet hast oder deine Gedanken spazieren gehen, ist es sinnvoll, die so genannte Stopp-Methode einzusetzen.

Am besten zeichnest du dir selber eine Stopp-Signal-Karte: hier eine Vorlage...

Kommt dir z.B. nachmittags bei den Hausaufgaben irgendein Ärger vom Vormittag in den Sinn, kannst du einen „Stopp“ setzen und dir laut vorsagen „jetzt nicht“. Schreibe den Gedanken auf einen Zettel und lege ihn in deine „Gedankenbox“. Das kann eine einfache Kiste sein, in der du solche Notizen sammelst.

Wirf Gedanken, die dich aus dem Programm „Text übersetzen“ herauskatapultieren, aus deinem Blickfeld in den Papierkorb.

Machen sich deine Gedanken öfter selbstständig? Dann verbiete es ihnen - du bist der Chef! Stoppe deine Gedanken auf ihren Irrwegen und leite sie zurück ins eigentliche Programm. Je öfter du innerlich das Stoppschild benutzt, umso besser wird es dir gelingen bei deiner Aufgabe zu bleiben.

Die Stoppmethode bewährt sich besonders gut, wenn dir immer wieder „Schusselfehler“ den Schulerfolg verbauen. Du willst dann alles nur schnell machen, aber nicht so sehr genau. Du hast z. B. die Textaufgabe nicht richtig durchgelesen, legst einfach los – aber in die falsche Richtung.

Mache dir deshalb zum Motto:

"STOPP! - Was ist gefragt?"

Schaue dir die Aufgabe genau an und frage dich, „was soll ich hier tun“. Lasse Hypie keine Chance, der dir immer ins Ohr flüstert: „schnell, schnell“. Bei Textaufgaben muss man schrittweise vorgehen und sich einen Plan machen; so kommt man dann am schnellsten zum richtigen Ergebnis Überprüfe deinen „Info-Input“, ob du wirklich alle wichtigen Daten der Aufgabe geladen hast; erst dann lege mit den weiteren Schritten los.
Und ehe du die nächste Aufgabe anfängst, benutze noch einmal den Stopp und überprüfe dein Ergebnis!

Stopp kann auch heißen:

"ACHTUNG, erst denken - dann handeln!"

Max kann nicht abwarten und sagt oft sofort, was er denkt, deshalb nennt man sein Verhalten auch „impulsiv“.

Er ruft Ergebnisse in die Klasse, ohne an der Reihe zu sein oder wirft dem Lehrer seine Motzgedanken an den Kopf.
In der Schule aber wird erwartet, dass man sich und seine Gedanken im Griff hat und weiß, was man wie und wem sagt.
Also probiere auch hier den Stopp. Gewöhne dir an, innerlich die „rote Ampel“ einzuschalten, vor allem, wenn du wütend bist. Hole tief Luft, zähle bis 10 und entscheide erst dann, was du sagst!
So kannst du dir viel Ärger ersparen!

• Datensalat verhindern - unwichtige Infos bewusst in den Papierkorb senden

Du hast ja Hypie in seinen Aktivitäten schon gut kennen gelernt. Er liebt es, dafür zu sorgen, dass alles Mögliche an Infos geladen wird - wichtige und unwichtige gleichzeitig. Viele verschiedene Infos zu einem Thema auf einmal zu laden nennt man auch „Brainstorming“; das ist für alle kreativen Aktivitäten klasse.
Aber oft besteht der Job eines Schülers darin, Sachzusammenhänge zu erkennen und wiederzugeben. In diesem Fall ist mehr die Fähigkeit gefragt, wichtige Info von unwichtiger zu trennen und sie zielorientiert zu verarbeiten.
Für diesen Job muss Hypie in seine Schranken gewiesen werden. Sonst hast du schnell einen riesigen Datensalat zu verwalten oder es kann dir passieren, dass dein Arbeitsspeicher überlastet ist.

Nutze deshalb die Funktion des Papierkorbs.

Entscheide:

Gehört die Info zu meinen Aufgaben,
ja oder nein?
NEIN,
bedeutet auf direktem Weg
"ab in den Papierkorb".

- **Pausen? – alles zur richtigen Zeit!**

Wenn du gerade dein Programm LernFit gestartet hast, ist es natürlich unsinnig, sofort wieder aufzuspringen, zur Toilette zu gehen oder etwas zu trinken. Das erledigst du besser alles vor dem Programmstart.
Ansonsten kommt es zu störenden „Ablenk-Programmen“. Behalte die Zeit im Griff und finde deinen besten Pausenrhythmus heraus.

Hier zeigen dir Clever & Co im Bild den durchschnittlichen Verlauf der Konzentrationsfähigkeit während einer Stunde. Für die meisten Schüler ist es sinnvoll, nach 25 bis 30 Minuten eine kurze Pause von zwei bis fünf Minuten einzulegen, um neue Energie zu tanken. Dann steigt die Konzentrationskurve wieder an.

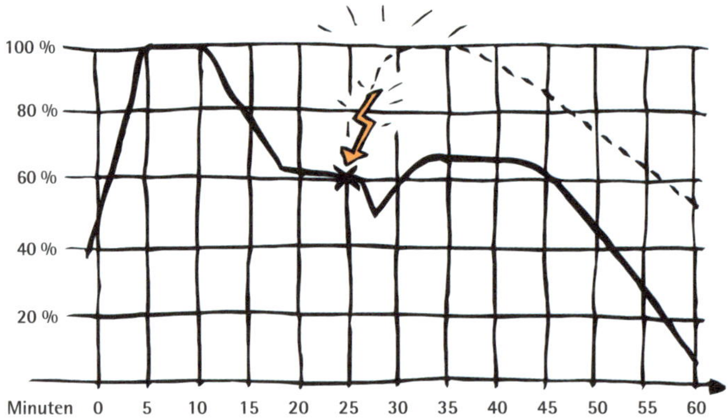

Energie tankt man, indem man sich kurz bewegt, aufsteht und ein paar Entspannungsübungen macht, etwas trinkt und dann aber wieder loslegt.

Glaube nicht, dass man Energie tanken könnte, wenn man einmal kurz im Internet surft oder sich vor dem Fernsehen berieseln lässt. Der einzige Effekt dieser Pausentätigkeit ist, dass man erst richtig schlapp wird. Außerdem sind solche Programme wie PC-Spiele, Internet etc. große Zeitfresser und als Pausenfüller überhaupt nicht geeignet. Wie du bestimmt schon selbst erfahren hast, ist es nämlich extrem schwierig, sie nach zwei bis fünf Minuten wieder abzuschalten und weiterzuarbeiten.

• Pausenprogramm – Entspannung?

Entspannungsübungen sind doof?! Muss nicht sein!
Du musst nicht immer einen langwierigen Kurs autogenes Training absolvieren oder Yoga erlernen, sondern du kannst einfach nur einige Übungen zur Muskelentspannung ausprobieren. Du wirst sehen, wie gut du dich dennoch fühlst.

Also so geht es:

Spanne die folgenden Muskelgruppen wie beschrieben nacheinander ca. 5-10 sec. an und lockere sie anschließend wieder. Mache nach jeder Muskelanspannung etwa 20 sec. Pause.

- *Balle die rechte Hand zur Faust.*
- *Balle die linke Hand zur Faust.*
- *Ziehe die Schultern soweit wie möglich nach oben.*
- *Drücke das Kinn gegen das Brustbein.*
- *Ziehe die Augenbrauen nach oben und runzle die Stirn.*
- *Kneife die Augen zusammen.*
- *Atme tief ein, halte kurz die Luft an, atme langsam aus.*
- *Mache ein Hohlkreuz.*
- *Ziehe die Bauchdecke fest zusammen.*
- *Kneif die Pobacken zusammen.*
- *Strecke die Beine durch und drücke die Füße ganz fest gegen den Boden.*

Eine Notiz aus der Wissenschaftsabteilung:

Bewegung und Sport baut Stress ab

Stress ist einer der größten Konzentrationskiller und wird durch das Stresshormon Adrenalin verursacht. Durch Bewegung und Sport wird dieses Hormon im Körper abgebaut und die Konzentrationsfähigkeit steigt wieder an.

Außerdem kannst du beim Sport deinen Gedanken freien Lauf lassen. Der Kopf wird wieder frei. Du kannst Frust los-werden und z.B. einmal extra kräftig vor den Ball treten, wenn du besonders viel Wut geladen hast.

• Besiege deine Konzentrationskiller

Wir haben jetzt schon einige Dinge und Programme kennengelernt, die dich bei den Hausaufgaben oder beim Lernen stören können, so dass du dich nicht auf eine Sache und ein Ziel konzentrieren kannst.

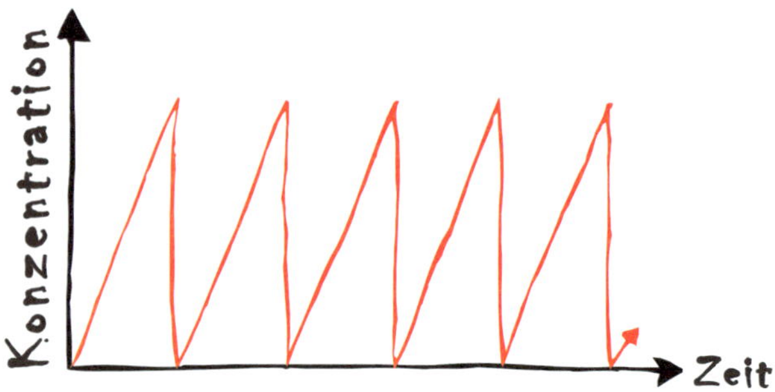

Alle zwischengeschalteten „Ablenk-Programme“ bringen deine Konzentration auf den Nullpunkt. Wenn du dann wieder ins Programm LernFit einsteigen willst, dauert es zunächst eine gewisse Zeit, bis du mit deinen Gedanken wieder dort bist, wo du zuletzt deine Arbeit unterbrochen hast. So brauchst du oft 30 Prozent mehr an Zeit!
(Vgl. Max Schättzprotokoll, in das Max aufgschrieben hat, wieviel Zeit für Diskussionen, Ablenk-Manöver etc. verstreicht.)

Was sind deine Konzentrationskiller, und mit welcher Strategie kannst du sie abwehren:

Konzentrationskiller	Abwehrmaßnahme	bis wann?	ok

Wahrscheinlich hast du für dich schon einige gefunden. Überlege, wie und bis wann du sie abwehren kannst, damit sie erst gar nicht zum Einsatz kommen.

• Mitschreiben - auch eine Art, Daten zu laden und zu behalten

Du denkst jetzt, das brauche ich nicht? Lies zumindest 2 Argumente, warum es sinnvoll ist, sich Notizen im Unterricht zu machen:

1. Du bleibst mit deinen Gedanken besser im Unterrichtsprogramm, wenn du nicht nur zuhörst, sondern gleichzeitig auch Stichwörter aufschreibst

2. Du kannst dich zuhause bei den Hausaufgaben oder bei der Vorbereitung für eine Klassenarbeit wieder besser erinnern, welche Themen und was genau z. B. in Bio, Erkunde oder Geschichte besprochen wurde.

Die Mitschreib-Notizen sollen kein fertig ausgearbeitetes Referat sein. Sie können aus einzelnen Wörtern bestehen. Es braucht ein bisschen Übung, schnell zu werden und die passenden Wörter als Erinnerungsanker zu notieren. Probiere es einfach aus! Wichtig ist nur noch, wohin du diese Notizen schreibst.
Lose Blätter eignen sich nicht so gut, die verschwinden nämlich meistens irgendwo im Ranzen. Besser du schaffst dir einen DIN A 4-Notizblock an, der dich immer in jeder Stunde begleitet. Es gibt schon vorgelochte Notizblöcke, die es dir einfach machen, die einzelnen Blätter nachmittags in den richtigen Ordner zu sortieren.

Als Überschrift schreibst du das Fach und das Datum auf. Für jedes Fach nimmst du ein neues Blatt. Diese Strategie hilft unter anderem auch gut, abschweifende Gedanken im Zaum zu halten und Traumphasen im Unterricht zu verkürzen. Jule, die oft träumt, nimmt sich vor, alle 5 Minuten mindestens 1 Wort von dem aufzuschreiben, was der Lehrer gerade gesagt hat.

• Wie steht es mit einem Konzentrations-Check zwischendurch?

Wenn du jetzt einige Tools von Clever & Co schon installiert hast und deine Antennen und Aufnahmefilter besser einrichten kannst, bemerkst du sicher, dass der Input von Info schon besser läuft und du insgesamt eine Menge Zeit sparst. Vielleicht hast du Lust, zwischendurch öfter mal einen Konzentrations-Check für dich selbst zu machen.
Du kannst z. B. ab und zu deine Hefte durchschauen, ob weniger Fehler beim Abschreiben passiert sind. Bekommst du mehr im Unterricht mit? Vielleicht machst du dir eine Strichliste, wie oft du dich aktiv im Unterricht gemeldet hast und voll im Unterrichts-Programm warst. Hast du schon so viele Infos im Unterricht geladen, dass du zuhause nicht mühsam den Unterricht wiederholen musst?
Das bedeutet mehr Zeit für dein Freizeitkonto!
Außerdem muss du nicht mehr so oft den Stoff für Arbeiten mühsam zusammensuchen, Hefte von anderen kopieren, Rundrufe starten etc.

Probiere möglichst oft die Tools aus. Je öfter du sie anwendest, umso schneller werden sie dir helfen, mehr mitzubekommen und nicht ständig einen Datensalat verwalten zu müssen.

Man nennt das auch „Automatisieren".

3.3

Vergesslichkeit – Zeige ihr die „Rote Karte"

Wenn Daten schnell verloren gehen

Geht es dir ähnlich wie Max, der oft wie ein zerstreuter Professor wirkt, vieles vergisst und nicht besonders systematisch arbeitet? Er macht dann nicht nur viele Fehler, sondern bekommt öfter Ärger, weil z.B. seine Hausaufgaben nicht vollständig sind. Oder ärgerst du dich auch, weil die mit Mühe gelernten Daten und Vokabeln wieder aus dem Kopf verschwunden sind, und du manches einfach nicht behalten kannst?

Checkliste: Kennst du das auch von dir?

???

	ja	nein
Vergisst du schnell, was du eigentlich sagen wolltest, wenn du z. B. nicht sofort drankommst?	☐	☐
Bist du ein zerstreuter Professor?	☐	☐
Vergisst du bei Kettenaufgaben öfters die Zwischenergebnisse?	☐	☐
Bist du ein Chaot, der Zettel, Hefte und sonstige Dinge oft nicht findet?	☐	☐
Fällt es dir schwer einen Aufsatz zu schreiben?	☐	☐
Vergisst du öfter Hausaufgaben?	☐	☐
Hast du bei Arbeiten manchmal einen „Black-Out" und weißt gar nichts mehr?	☐	☐
Vokabeln angeschaut - aber schnell wieder vergessen?	☐	☐
Auswendig lernen – ein Problem?	☐	☐
Hast du häufig im Unterricht nicht alle Bücher, Hefte oder Stifte dabei?	☐	☐

.. zum Ankreuzen!

Dann bist du in diesem Kapitel richtig! Ohne dein Arbeitsgedächtnis - du erinnerst dich, beim Computer der „Arbeitsspeicher" – gelingt keine weitere Info-Verarbeitung. Es ist besonders wichtig, weil hier viele Infos zunächst zwischen-gelagert werden müssen und mit anderen Daten aus anderen Programmen verknüpft und abgeglichen werden. Dies ist bei jeder komplexen Aufgabe nötig. Überleg dir noch einmal kurz, wie z.B. eine Kopf-Rechenaufgabe im Programm LernFit bearbeitet wird:

Aufgabe: (12 x 3 + 13) :7 x 12 = ?

Du rechnest Schritt für Schritt:

- *Programm Multiplikation laden:* *12 x 3 = 36*
  36 im Arbeitsspeicher behalten
- *Programm Addition laden:* *36 + 13 = 49*
  49 im Arbeitsspeicher behalten
- *Programm Division laden:* *49 : 7 = 7*
  7 im Arbeitsgedächtnis behalten
- *Programm Multiplikation laden:* *7 x 12 =*

Ergebnis: 84

Ohne dass du viel darüber nachgedacht hast, musstest du dir eine kurze Zeitspanne die Zwischenergebnisse in deinem Arbeitsgedächtnis behalten und damit weiterrechnen, damit du zuletzt das richtige Ergebnis – 84 – herausbekommen hast. Gleichzeitig hast du dich an die Regeln für Addition, Multiplikation und Division erinnert – die waren allerdings schon in deinem Langzeitgedächtnis abgelegt, d.h. von dir gelernt worden.
Im Arbeitsgedächtnis gelingt also die „Verknüpfung" von neuer Info (also dass, was du neu bearbeitest) mit alter Info (das, was du schon weißt).
Solche Schritte, die passenden Vorüberlegungen und die Zwischenlagerung von Daten im Arbeitsspeicher sind bei jeder längeren Aufgabe nötig.

Überlege einmal, wie viele Daten du z.B. beim Aufsatzschreiben laden, behalten und neu verknüpfen musst. Auch hier musst du den Inhalt deiner Geschichte im Arbeitsspeicher „vordenken", die Reihenfolge der Gedanken sortieren, dich daran erinnern, was die Lehrerin besonders wichtig findet und beim Schreiben auch noch die Rechtschreibregeln beachten. Das passiert alles beim Hinschreiben und kann nur mit Hilfe deines Arbeitsgedächtnisses funktionieren.

Wenn aber deine Fehlerteufel Hypie, Schussel und Panix im Programm LernFit aktiv sind, können sie eine Menge Unsinn anrichten.

Sie können nicht nur die optimale Info-Aufnahme stören, sondern unglücklicherweise auch die geladenen Daten im Arbeitsspeicher schnell in den Papierkorb verschwinden lassen. Diese stehen dann für die Weiterverarbeitung nicht mehr zu Verfügung - sie sind vergessen. Du hast dann vielleicht die Zwischenergebnisse nicht mit berücksichtigt oder bist durcheinander.

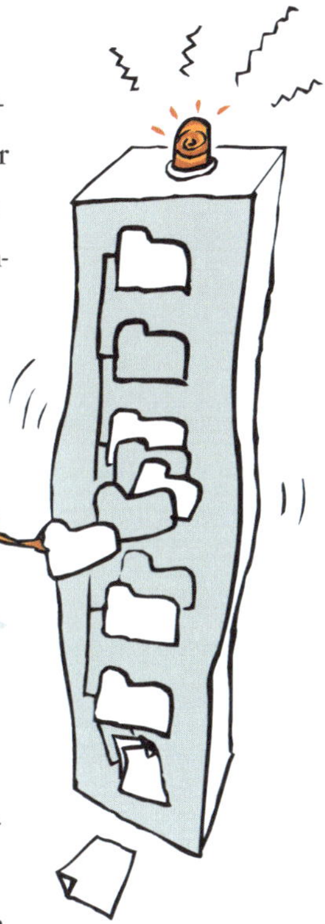

Wie du schon anfangs erfahren hast, ist gerade das Arbeitsgedächtnis bei ADS relativ klein. Deshalb ist auch verständlich, dass Max Aufgaben liebt, die man kurz und knapp und vor allem schnell ohne viele Zwischenschritte erledigen kann. Er ist nämlich Schnelldenker und hat sofort gute Ideen. Sobald er sich aber für eine Rechenaufgabe mehrere Zahlen merken muss, verrechnet er sich schnell, weil er nicht mehr alle Zahlen im Kopf hat oder sie durcheinander wirft. Das passiert ihm auch in anderen Fächern, z.B. in Deutsch. Dann bringt er die Reihenfolge in seiner Nacherzählung durcheinander, oder in Englisch, da fehlen ihm plötzlich wichtige Vokabeln. So dumm dies auch ist, aber alle Aufgaben kann man nun mal nicht nur mit Logik allein lösen.

Infopool:

>> Arbeitsspeicher zu klein? - schneller Datenverlust?

Problem:

Dein Arbeitsspeicher hat nur eine begrenzte Kapazität und ist schnell überlastet: max. 7 Einzelinfos haben gleichzeitig dort Platz. Wenn er voll ist, können keine neuen Dateien erstellt werden und alte nicht ausreichend lange zum Bearbeiten geladen werden.

Andere Bezeichnung für das Problem:

Du bist vergesslich und zerstreut,
arbeitest nur schnell und wenig systematisch.

Wo sitzt dein Arbeitsspeicher?

In der Region Hippocampus im Gehirn
Er wird auch Arbeitsgedächtnis oder Kurzzeitgedächtnis genannt.

Was macht dein Programm LernFit?

LernFit verwaltet mit Hilfe des Arbeitsspeichers für kurze Zeit deine geladenen Infos
und stellt diese zur Weiterverarbeitung und Nutzung für andere Programme zur Verfügung.
Bei ADS muss LernFit mit einem kleineren Arbeitsspeicher auskommen.
Es müssen deshalb zusätzliche Tools geladen werden, um ihn zu unterstützen.

Wie löse ich das Problem?

Den Arbeitsspeicher nicht überlasten, nur gezielt wenige, aber die wichtigsten Infos laden.
Mit kleinen Schritten kommt man schneller zum Ziel.
Wichtige Infos schnell verknüpfen und in Dateien zwischenspeichern.

Erfreulich:

Es funktioniert, und der Arbeitsspeicher lässt sich
durch ein paar Tricks aufrüsten.

Hast du Lust, auch einige Abwehrstrategien von Clever & Co auszuprobieren, damit Daten nicht zu schnell verloren gehen und du effektiver arbeiten kannst?

Team Clever & Co.: Konkrete Hilfen bei schlechter Merkfähigkeit

- Notieren hilft zu behalten

Zunächst ein Mini-Test:
Du brauchst einen Testpartner mit „Stoppuhr". Erst dann geht es los:

Lesetest:

Wie viele Sekunden brauchst du, um die folgende Reihe von Buchstaben und Zahlen nur durch Lesen auswendig zu lernen?

ZA8L4PDT5E26SD

Dein Testpartner schreibt die benötigte Zeit auf:

______ Minuten ______ Sekunden

Hörtest:

Lasse dir nun die folgende Zeile mehrmals langsam vorlesen, damit du die Kombination nur durch Hören lernst:

7PLK43TS80JDW7

sobald du glaubst, dass du die Zeile dir gemerkt hast, sagst du " Stopp ". Du sagst die Kombination auswendig und dein Testpartner notiert die Zeit.

____ Minuten ____ Sekunden

Wie fällt der Vergleich aus?
Wie kannst du dir Infos besser merken?

Und jetzt noch ein 3. Minitest:

Schreibtest:

Schreibe die folgenden 13 Wörter auf einen Zettel:

Haus, Brot, Tasche, Kamm, Geld, Blume, Kanne, Tasse, Baum, Auto, Tisch, Apfel, Kaffee

Lies dir die Wörter noch einmal durch und lege dann den Zettel zur Seite. Versuche dich an alle 13 Wörter zu erinnern.
Dein Testpartner schreibt die benötigte Zeit auf und wie viele Wörter richtig sind:

____ Richtige Wörter ____ Minuten ____ Sek.

Nimm jetzt einen Zettel und lies die 13 Wörter ab.

An diesem kleinen Experiment siehst du, dass Erinnern und Behalten viel leichter sind, wenn man es einmal aufgeschrieben hat

Sei kein Schreibmuffel,
und notiere dir wichtige Infos!

Damit belastest du dich nicht unnötig mit dem Behalten von Infos. Du brauchst eigentlich nur einen Blick ins Heft zu werfen – und schon sind sie wieder verfügbar.

- **Hausaufgabenheft**

Hast du dieses Tool schon installiert und gute Erfahrungen gemacht? Es wurde auf Seite 56 erklärt

- **Zwischenergebnisse notieren**

Wie du von Max erfahren hast, kann es manchmal Probleme geben, eine Matheaufgabe richtig zu lösen, obwohl du ein cleverer Rechner bist, weil du z. B. die Zwischenergebnisse wieder vergessen hast oder durcheinander bringst.

Gewöhne dir einfach an, Nebenrechnungen schriftlich zu machen, Zahlen korrekt untereinander zu schreiben und Platz für den Überschlag zu lassen.

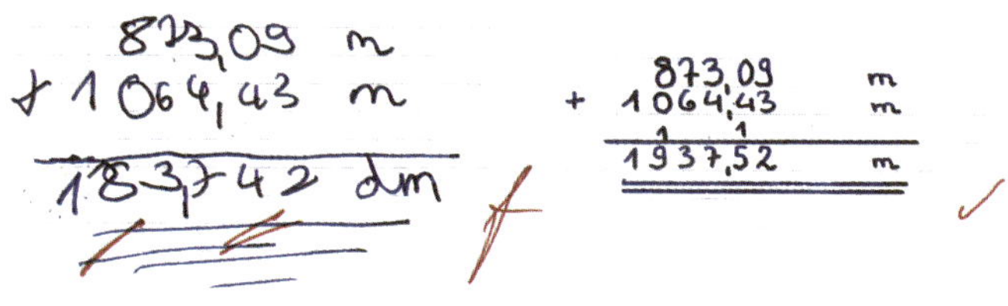

Übersichtliches Hinschreiben hilft dir während der Arbeit Infos nicht zu vergessen und den Überblick zu behalten.

Achte am besten auf Folgendes:

- *schreibe alles auf, was gegeben ist;*
- *entwerfe gegebenenfalls eine Zeichnung;*
- *formuliere, was gesucht wird;*
- *achte darauf, dass die Zahlen sauber untereinander stehen: Einer unter Einer, Zehner unter Zehner,...;*
- *wenn Maßeinheiten in der Aufgabe gegeben sind, denke daran, sie bis zum Ende der Rechnung mitzuführen;*
- *bei komplizierten Aufgaben schreibe an den Rand, warum die einzelnen Rechenschritte nötig sind;*
- *schreibe Nebenrechnungen direkt neben Hauptrechnungen, trenne sie durch einen Strich und kennzeichne sie mit „N.R.“;*
- *unterstreiche alle Zwischenergebnisse;*
- *unterstreiche das Endergebnis zweimal oder farbig;*
- *bei Textaufgaben den Lösungssatz nicht vergessen.*

Hier ein Beispiel:

Matheaufgabe:

Tim und Felix wollen gemeinsam ein Referat vorbereiten. Vorher gehen sie aber zu McDonald's und bestellen vier Hamburger und 2 Cola. Sie bezahlen zusammen 13,20 DM.

Am Nebentisch sitzen Laura und Kim, noch ganz frustriert vom Ergebnis ihrer letzten Deutscharbeit. Sie essen zusammen 3 Hamburger und trinken 3 Cola.

Dafür haben Sie zusammen 12,30 DM bezahlt. Wieviel kostet 1 Hamburger und wieviel 1 Cola?

Rechnung	Erläuterung
4x + 2y = 13,20 DM	x = Hamburger
3x + 3y = 12,30 DM	y = Cola
Rechnung 1:	Zur Lösung wähle ich das Einsetzverfahren.
4x + 2y = 13,20 DM | −2y	
4x = 13,20 − 2y | :4	
x = (13,20 − 2y) / 4	Dazu muss ich erst einmal die Gleichung nach x auflösen.
x = 3,30 DM − 0,5y	
Rechnung 2:	Das Ergebnis setze ich in die zweite Gleichung ein.
3 (3,30 DM − 0,5y) + 3y = 12,30 DM	
9,90 DM − 1,5y + 3y = 12,30 DM | −9,90 DM	
−1,5y + 3y = 2,40 DM	NR:
1,5y = 2,40 DM | :1,5	2,4 : 1,5 = 1,6 15 90 90 00
y = 1,60 DM	
	Eine Cola kostet 1,60 DM.
4x + 2(1,60 DM) = 13,20 DM	Das Ergebnis setze ich in die erste Gleichung ein.
4x + 3,20 DM = 13,20 DM | −3,20	
4x = 10,00 DM | :4	Ein Hamburger kostet 2,50 DM.
x = 2,50 DM	

A: Eine Cola kostet 1,60 DM, ein Hamburger 2,50 DM.

• Weniger ist mehr:
- mit kleinen Portionen schneller zum Ziel

Was glaubst du, wie viele Infos und Daten dein Arbeitsspeicher auf einmal verwalten kann? – genau 5-7! Deshalb ist das Motto beim Auswendiglernen: kleine Lern-Pakete sparen viel Zeit und Mühe.
Wenn du die Pakete mit mehr als sieben Infos vollpackst, ist der Arbeitsspeicher überlastet, die Daten werden postwendend in den Papierkorb geschickt und sind schnell vergessen.

Was kannst du also tun, wenn du 30 Vokabeln in deinen Kopf bekommen sollst? Du teilst die Vokabeln in 6 kleine Lern-Pakete zu je 5 Vokabeln auf. Diese kleinen Pakete nimmst du dir dann Schritt für Schritt vor.
Damit sie richtig auf der Festplatte verankert sind, du sie sicher mündlich und auch schriftlich wieder laden kannst, müssen diese öfter wiederholt werden.

Hierzu ist die Vokabel-Lernkartei wunderbar geeignet:

• Die Vokabel-Lernkartei

In einer Werbeanzeige für eine Vokabel-Lernkartei könntest du Folgendes lesen:

Die Vokabel-Lernkartei:

- *bietet dir einen guten Überblick,*
- *zeigt dir genau, welche Vokabeln noch nicht sitzen,*
- *hilft dir schon beim Erstellen der Karteikarten, verschiedene Lern-Kanäle zu benutzen: neben dem Lesen und Schreiben der Vokabeln kannst du sie dir zusätzlich laut vorsprechen oder mit einer Zeichnung verknüpfen,*
- *garantiert, dass bei richtiger Benutzung die Vokabeln später abrufbar sind.*

Zum Erstellen solch einer Vokabel-Lernkartei benötigst du:

- *Karteikarten DIN A7*
- *ca. 5 Trennscheiben zum Unterteilen in verschiedene Fächer*
- *mehrere Buntstifte*

und dann kann es losgehen.

Auf der Vorderseite der Karte steht z.B. die englische Vokabel und auf der Rückseite der deutsche Begriff. Zusätzlich kannst du noch eine Zeichnung hinzufügen oder ein Symbol. Wenn du dir die Schreibweise nicht gut merken kannst und immer die Reihenfolge von einzelnen Buchstaben z.B. au oder ua („daughter oder duaghter?“) verwechselst, kannst du sie mit einem Markerstift farbig kennzeichnen.

Finde selbst deinen eigenen Rhythmus heraus.
Hier ein Vorschlag:

erster Tag:	*neue Vokabeln in max. 7-er Paketen neu lernen, in dem du die Karteikarte beschriftest und beim Schreiben die Vokabel schon einmal laut vor dir hersagst und noch einmal anschaust*
abends:	*1. Wiederholung der neuen Vokabeln*
nächster Tag:	*2. Wiederholung, eventuell ein neues Vokabel-Paket hinzufügen*
nach 1 Woche:	*nochmals Wiederholung der einzelnen Vokabeln*
nach 1 Monat:	*Wiederholung*

Jede vergessene Vokabel kommt wieder in das vordere Fach „neu lernen“ und macht die Runden wieder mit. Wissenschaftler haben festgestellt, dass es zirka 1-3 Minuten dauert, um eine Vokabel das erste Mal zu lernen. Um eine Vokabel zu wiederholen, brauchst du nur wenige Sekunden! Auf Dauer gesehen ist das Wiederholen von Vokabeln also deutlich zeitsparender! Hättest du das gedacht?

Plane dir in deinen Wochenplaner täglich 15 Minuten Zeit ein, um mit deiner Vokabel-Lernkartei zu arbeiten. Dann sitzen die Vokabeln schnell und es wird vor den Arbeiten kein riesiger Berg. Kein Vokabeltest wird dich dann mehr schrecken können!
Du kannst für dich einmal hochrechnen, wie viel Vokabeln du auf diese Weise pro Jahr lernen kannst. Also jeden Tag sieben neue Vokabeln – außer am Wochenende und in den Ferien - bedeuten 1400 Vokabeln im Jahr.

• Daten schnell verknüpfen – Eselsbrücken bauen

Hast du schon einmal in einer Fernsehshow einen Gedächtniskünstler beobachtet? So etwas müsste man auch können, vor allem, wenn man die blöden Zahlen, Regeln oder Vokabeln auswendig lernen soll. Ein Gedächtniskünstler hat kein größeres Gehirn, er ist in der Regel auch nicht schlauer und hat auch keine magischen Fähigkeiten. Er arbeitet mit einem einfachen Trick.

Er verknüpft ganz schnell Gegenstände oder Zahlen, die er sich merken soll, mit inneren Bildern, an die er sich später leicht erinnern kann; man nennt das auch „Anker-Technik", weil die inneren Bilder wie ein Anker die Gegenstände/Zahlen im Gedächtnis festhalten.

Hier ein Beispiel:

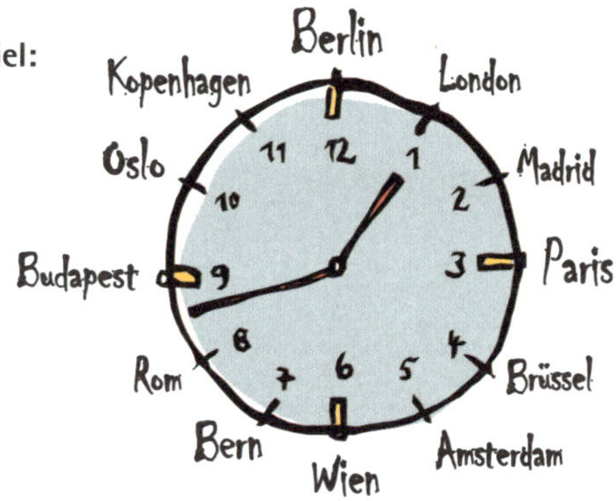

Beispiel: *Die Uhr hat zwölf Stunden. Suche zwölf Hauptstädte aus, die du dir merken sollst und zeichne eine Uhr auf. Dann ordnest du jeder Stadt eine Stundenziffer zu. Vor deinem geistigen Auge siehst du dann die Uhr mit den Städtenamen und behältst diese umso besser.*

Die Anker-Technik hilft dir gut beim Lernen von:

- *Zahlen und Daten*
- *einzelnen Begriffen oder Wörtern*
- *Reihenfolgen z. B. von Geschichtszahlen*
- *einzelnen Fakten*

oder

Die **Loci-Technik**

Ähnlich wie bei der Anker-Technik verknüpfst du hier die Infos mit markanten Punkten z.B. auf deinem Schulweg. Anschließend gehst du dann innerlich deinen Schulweg nochmals ab. Jetzt fällt es dir leicht, dich an jedem Punkt wieder an die Info zu erinnern, die du dort verknüpft hast. Aber achte auf die Reihenfolge! Dein Schulweg fängt ja auch nicht mittendrin an!
Auf diese Art haben sich schon Redner im antiken Rom die Abfolge ihrer Argumente in einer Rede gemerkt.

Die Loci-Technik hilft dir gut beim Behalten von:

- *Argumentationspunkten für eine Diskussion*
- *Fakten für eine Klassenarbeit*
- *der Reihenfolge wichtiger Infos für ein mündliches Referat*
- *Zahlen und wichtigen Daten*

Die **Eselsbrücken**

Welche Eselsbrücken kennst du?

- **z.B. für Rechtschreibregeln:**

„wer nämlich mit h schreibt ist dämlich"
oder
„he, she, it, s muss mit" (he runs, she writes, it rains)

- **Oder Matheformeln:**

$$V = \frac{4}{3} \pi \cdot r^3$$

So wird der Rauminhalt einer Kugel berechnet. Daraus könnte man folgenden Reim machen:

„Innen hat die Kugel, eijeijei,
vier drittel pi mal r hoch drei."

- **Oder „sinnlose" Geschichtsdaten:**

„333- bei Issos Keilerei"

- **Oder Sachwissen:**

z.B. die Planeten unseres Sonnensystems:

Merkur, Venus, Erde, Mars, Jupiter, Saturn, Uranus, Neptun

Mein **V**ater **E**rklärte **M**ir **J**eden **S**amstag **U**nseren **N**achthimmel

Wenn du dir hier auf der Vergessenskurve anschaust, wie schnell du einfache Fakten wieder vergisst und wie viel besser du dir „verknüpfte Daten“ wie Geschichten, Zusammenhänge und Gesetzmäßigkeiten behalten kannst, dann ist klar, dass du natürlich Verknüpfungen nutzen solltest. So bleiben auch „einfache Daten“ besser hängen und du kannst sie dir merken.

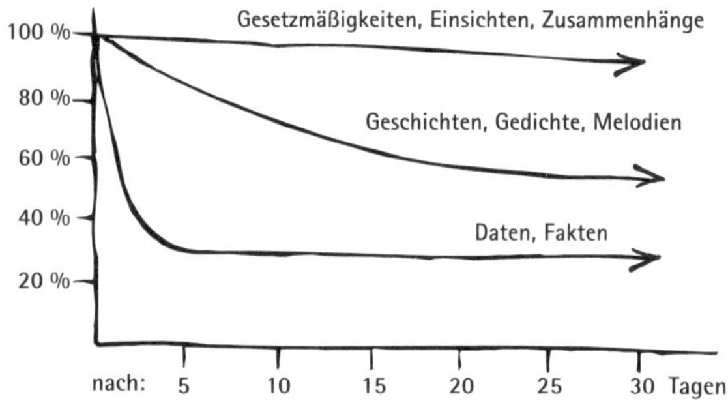

• Je mehr Sinne - desto besser

Du hast sicher auch schon einmal die Erfahrung gemacht, dass du beim Hören eines einzelnen Schlagers plötzlich wieder vergangene Gefühle und Bilder nachempfindest und dich genau an eine schon längst vergangene Szene erinnerst. Dies läuft dann wie ein Film vor deinem inneren Auge ab.
In diesem Moment werden wieder Infos aus vergangenen Zeiten reaktiviert, die mit Gefühlen eng verknüpft sind.
Jetzt lässt sich natürlich nicht jede Vokabel mit einem Super-Gefühl verknüpfen. Aber auch beim langweiligen Vokabel-Lernen kannst du die Vorteile von Verknüpfungen mehrerer Daten nutzen.

Je mehr Wahrnehmungs-Progamme Infos miteinander vernetzen, also die Programme: „Hören, Lesen, Schreiben, Fühlen …..“, umso größer ist die Wahrscheinlichkeit, dass du sie nicht vergisst.
Schau dir einmal die nächsten Bilder an:

Wenn du Vokabeln nicht nur liest, sondern gleichzeitig dein Hör- und Sprachzentrum zuschaltest, hast du die neue Info schon mit zwei weiteren Zentren verknüpft. Du kannst sie so viel schneller behalten!

Was kannst du also tun?

- *Neue Vokabeln dir selbst laut vorlesen, vielleicht auch auf Kassette sprechen;*
- *neue Vokabeln schreiben z.B. auf eine Karteikarte;*
- *neue Vokabel dir bildlich vorstellen und eventuell mit einer Zeichnung verknüpfen;*
- *zur neuen Vokabel dir z.B. Geruch, Geschmack oder ein Gefühl vorstellen;*
- *möglichst neue Vokabeln oder Sätze pantomimisch dar stellen, z.B. „How are you? - My name is...“ (Begrüßungsszene nachspielen)*

Aus diesen neuen Erkenntnissen kannst du auch ableiten, was „**sinn-loses** Vokabel-Lernen“ bedeutet, nämlich dass du nur einen Aufnahmekanal nutzt und den auch nur oberflächlich.
Dies passiert leider immer wieder Schülern, die Vokabeln aus ihrem Englischbuch lernen, indem sie nur kurz die Vokabeln anschauen und denken, sie hätten diese abgespeichert. Meistens wissen Sie dann, dass z.B. das Wort „surprise“ oben rechts in der Reihe gestanden hat – vielleicht erinnern sie sich auch an die Übersetzung - aber wie es genau geschrieben wird, ist leider wieder vergessen.

» Also probiere lieber das „**sinn-volle** Vokabel-lernen“ aus!

• Ein kurzer Check: Welcher Lerntyp bist du eigentlich?

Über welchen Aufnahme- und Wahrnehmungskanal kannst du am besten lernen und dir etwas merken?

Für den Check brauchst du:

- *einen Stift und eine Stoppuhr oder eine Uhr mit Sekundenzeiger (eventuell ein Blatt zum Notieren!)*
- *eine Person, die die Zeit stoppt und bei der Ermittlung des Hörtyps ruhig und deutlich vorliest.*

Deine Aufgabe:

Du sollst dir 10 Worte merken und sie dann innerhalb von 1 Minute aufschreiben. Die Worte dürfen in unterschiedlicher Reihenfolge notiert werden.
Los geht`s!

Du hast 30 Sekunden Zeit, um dir die folgenden 10 Worte durchzulesen.
Bitte jetzt die Zeit stoppen!

Tasse-Schuh-Möbel-Heft-Wanne-Nilpferd-Rasen-Geige-Orange-Waschlappen

Decke jetzt die gelesenen Wörter ab und notiere alle Wörter, an die du dich erinnerst. Du hast dazu 1 Minute Zeit.

1. ____

2. ____

3. ____

4. ____

5. ____

6. ____

7. ____

8. ____

9. ____

10. ____

Lege nach 1 Minute den Stift weg und vergleiche.
Wie viele Worte hast du noch gewusst?
Bitte hier eintragen: __________

Jetzt gebe das Buch „deinem Vorleser", der dir die folgenden Wörter vorlesen wird. Es geht darum dein Hörgedächtnis zu testen!

Die folgenden Wörter sollen ruhig und deutlich vorgelesen werden. Die Vorlesezeit soll ungefähr 30 Sekunden betragen.

Lampe-Roller-Taschentuch-Schreibtisch-Muschel-Papier-Uhr-Haus-Hand-Tinte

Nach dem Vorlesen hast du wieder 1 Minute Zeit die Worte aufzuschreiben.

Wie hast du mehr Wörter richtig behalten, durchs „**Sehen**" oder durchs „**Hören**", oder vielleicht jeweils gleich viele? Bist du ein Sehtyp oder ein Hörtyp, oder vielleicht ein „Mischtyp"?
Wenn du feststellst, dass du ein Sehtyp bist, d.h. hier die meisten Richtigen hast, kannst du dir Lernstoff übers Lesen einprägen. Du lernst dann besser durch Anschauen als durchs Zuhören.

Wenn du ein Hörtyp bist, lernst du besser über den Hörkanal, d.h. Vokabeln solltest du dir vorsprechen und auf Kassette aufnehmen, um sie danach nochmals zu hören.
Als Mischtyp lernst du über beide Lernwege gleich gut.

Anmerkung: Wenn du dir 7 oder mehr Worte merken konntest, hast du eine gute Merkfähigkeit.
Ansonsten probiere einige Hilfen von Clever & Co aus, um deine Merkfähigkeit zu verbessern.

• Merksätze als Kartenspiel oder Lernrallye

Wenn du eine besonders typische englische Redewendung, einen Merksatz oder eine Grammatikregel gut speichern möchtest, schreibe die einzelnen Wörter des Satzes auf kleine Zettelchen.
Anschließend mische sie, hefte sie mit einer Büroklammer zusammen und lege sie in eine Zettelbox.

Einige Zeit später greifst du das Kartenset wieder heraus, breitest die Zettel vor dir auf dem Schreibtisch aus und versuchst nun, den Satz wieder richtig zusammenzubauen.

Du wirst sehen, dass dir dabei mögliche Lösungen immer wieder durch den Kopf gehen – spielend wiederholst du, was du gerne behalten möchtest.

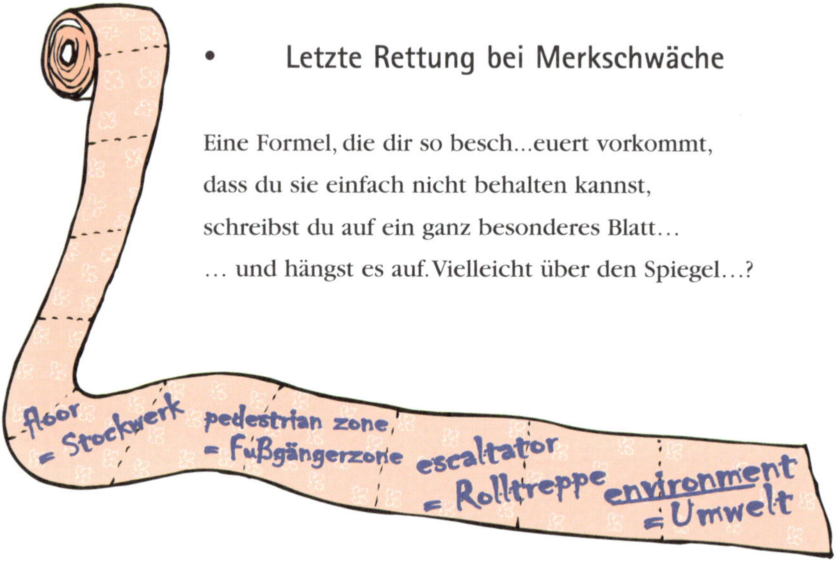

• Letzte Rettung bei Merkschwäche

Eine Formel, die dir so besch...euert vorkommt, dass du sie einfach nicht behalten kannst, schreibst du auf ein ganz besonderes Blatt...
... und hängst es auf. Vielleicht über den Spiegel...?

Oder probiere eine **Merkrallye** aus:

Du schreibst eine Formel, schwierige Wörter oder sonstiges, was einfach nicht in den Kopf gehen will, auf einzelne Post-it-Zettel und verteilst sie dann in deinem Zimmer oder der Wohnung. Ein guter Platz ist auch der Spiegel im Badezimmer, Kacheln über Waschbecken etc.
Gehe anschließend auf deiner Merkrallye die Stationen ab. Du liest den Text und sagst ihn dir laut vor. Wenn du zu einem anderen Platz gehst, erinnere dich noch einmal kurz, was an dem „Spiegel" stand.
Je öfter du die Runde gemacht hast, umso mehr hast du verinnerlicht und siehst dann deine Matheformeln

$$(a+b)^2 = a^2 + 2ab + b^2$$

quasi vor dir.

go
o go down
to go off
o go to work
t someone
to go on
o go fishing
to go up
o go to town
go hunting
rds the door
to go on tour
to go upstairs
to go through
to go on a journey
I go for a swim
VOKABELN!
MATHE 2

3.4

Ein Plan ist alles – Arbeiten mit System

Update für dein Programm Lernfit

Kennst du das: Du schreibst einen Aufsatz oder arbeitest ein Referat aus - das Thema gefällt dir, du schreibst und schreibst und schreibst……. – und plötzlich ist die Zeit vorbei? Oder du bist vom Thema abgekommen?

Oder du arbeitest einfach drauflos ohne zu überlegen, was du eigentlich genau tun sollst? Sind deine Hefte chaotisch?

Dann bist du hier richtig!

Checkliste: Kennst du das auch von dir?

???

	ja	nein
Hast du bei Arbeiten schnell Panik oder das berühmte Brett vor dem Kopf?	☐	☐
Verlierst du manchmal den roten Faden und schreibst am Thema vorbei?	☐	☐
Erscheinen dir die Hausaufgaben häufig wie ein „großer Berg"?	☐	☐
Bist du ein Chaot? (Anmerkung: „ganz unter uns !")	☐	☐
Verlierst du schnell den Überblick und bist durcheinander?	☐	☐
Könnte deine Heftführung ordentlicher sein?	☐	☐
Könnte deine Vorbereitung für Klassenarbeiten besser sein?	☐	☐
Legst du manchmal zu schnell los, ohne einen Plan zu haben?	☐	☐
Bleibst du manchmal an einer Aufgabe hängen?	☐	☐
Findest du dich manchmal in deinen eigenen Aufzeichnungen nicht mehr zurecht?	☐	☐

>> *.. zum Ankreuzen!*

Hast du mehr als drei Fragen mit ja beantwortet?
Dann ist es sicher hilfreich, dir von Clever & Co einige Tools zeigen zu lassen, die das Verarbeiten von Infos vereinfachen.

Stelle dir vor, du sollst eine sehr komplexe Textaufgabe mit vielen Zwischenschritten lösen. Oder du sollst ein Referat über das Staatswesen der Römer halten. Oder der Lehrer möchte bis zur nächsten Woche, dass du einen Aufsatz zum besprochenen Thema aus dem Deutsch-Unterricht verfasst. Oder in zehn Tagen steht eine Arbeit im Fach Bio an, für die du eine Unmenge an Fakten lernen sollst. Oder....
Dies ist alles dann kein Problem, wenn du systematisch arbeiten kannst, also einen Plan hast, an dem du dich immer wieder wie auf einer Landkarte orientieren kannst.

Was ist aber, wenn die Fehlerteufel sich mal wieder im LernFit-Programm breit machen?

Es kann dann passieren, dass du vielleicht etwas Richtiges gerechnet hast, aber es passt nicht zu deiner Aufgabe.

Oder du kommst immer wieder von deinem Thema ab oder dir fällt einfach nicht ein, was du schreiben könntest.

Dann entsteht das berühmte „Brett vor dem Kopf“. Obwohl du zuhause etwas gelernt hast, kannst du dich nicht mehr erinnern und wirst immer nervöser. Die Zeit läuft dir weg und es ist alles nur schrecklich.

Probiere einfach einige der Tools von Clever & Co aus, und du wirst deine persönlichen Erfolgsstrategien weiter entwickeln.

Infopool:

>> Chaos? Roten Faden verloren?

Problem:

Die Dateien = Datenpakete sind notwendig, wenn mehrere Infos auf einmal verarbeitet und vor dem Vergessen geschützt werden müssen.
Sie geraten aber schnell durcheinander, wenn sie nicht immer wieder sortiert und gepflegt werden.

Andere Bezeichnung für das Problem:

Du arbeitest nur schnell und wenig systematisch, kannst dir viele Infos nicht merken.
Du findest keinen Überblick, bist chaotisch und kannst nicht vorausplanen.

Wer ist zuständig für die Dateien?

Eine Art „Manager" in deinem Gehirn, der auch "exekutive Funktionen" genannt wird.
Er sitzt im Mittelhirn und hält dort ständig Kontakt zum Arbeitsspeicher und zur „Festplatte Langzeitgedächtnis". Er entscheidet, welche Programme eingesetzt werden sollen und wie die Dateien sortiert werden sollen.

Was macht dein Programm LernFit?

Bei ADS wird oft vergessen, dass es überhaupt einen solchen Manager gibt.
Er muss durch die Anwendung von LernFit in seiner Funktion eingeübt werden.
Viele Programme laufen sonst nicht optimal. Sie drohen abzustürzen.

Wie löse ich das Problem?

Einen Plan machen und Zwischenschritte überlegen, Ergebnisse zwischenspeichern.
Neue Infos mit schon abgespeicherten zusammenbringen und verknüpfen, Zusammenhänge erkennen. Das Ziel nicht aus den Augen verlieren.

Erfreulich:

Sobald das Erstellen und Sortieren von Dateien klappt, fallen Lernen, Abspeichern und Wiederaufrufen von Infos viel leichter. Dateien mit System ersparen viel Zeit und führen schneller zum Erfolg.

Team Clever & Co: Konkrete Hilfen für schnelles und systematisches Arbeiten

- Mit System: Schritt für Schritt zum Ziel

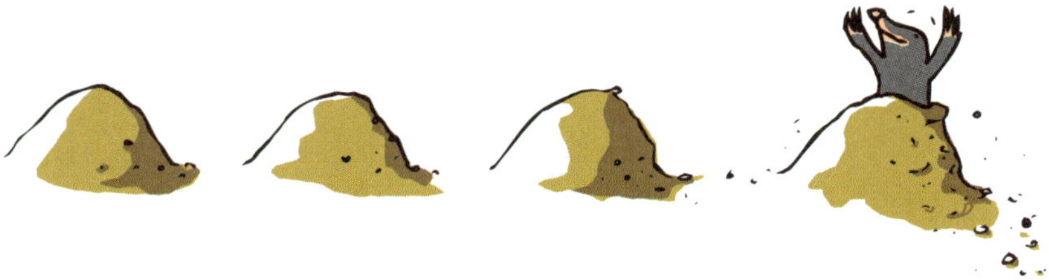

Ein riesiger Berg ist leichter zu bewältigen, wenn er in kleine Maulwurfshügel aufgeteilt wird

Das gilt auch für einen riesigen Lern-Berg. Und wie du schon von Max und Jule weißt, ist nachmittags für sie fast alles ein riesiger Lern-Berg.
Wenn Max eine Aufgabe nicht in rasender Geschwindigkeit und sofort mit Logik lösen kann, taucht sofort das Bild von einem Berg auf, den er furchtbar findet. Oder er versucht alles in einem Schritt zu erledigen, was z. B. bei Textaufgaben meist nicht funktioniert.
Jule fängt meistens überhaupt nicht an, weil alles sooo… viel ist.
Hier hilft nur eins: den Berg in kleine Hügel aufteilen, Schritt für Schritt vorgehen und dabei Schusselfehler vermeiden.

Mit anderen Worten nennen wir diese Taktik auch **"systematisch arbeiten"**.

Probiere es gleich einmal aus.

- **kleine Übung zum Aufwärmen:**

Was ist deine Aufgabe?
In dieser Aufgabe wird gewünscht, dass du sagen kannst, wie viele Tiernamen im Buchstabensalat versteckt sind.

mklzwgrtzcleveruikoplkjhundmbvchcoftbnmkgijhklmnhoonm
bgfdachsartzuhbgnuvmkjuztrdnmhgrfcnjzunkimtrgwsadlerfgtzm
thbnmrtigerdfmnurfgurtcbnjsturgwnmkuhlmevcnotterdigxyp
utrpbkopbdrfthundgmklofgimnöupätrgbenkpmöwersacxyakbctg
efgikmpohikranichncgepardqundsvzutürupkjasirmurwnaphyäne
simldrutlpirkatzesdnvayörstpovnlmjdmpowöaqualleümganserät

lösung:
clever und co, dachs, gnu, adler, tiger, kuh, otter, hund, möwe, yak, kranich, gepard, hyäne, katze, qualle, gans

Formuliere deinen Arbeitsauftrag klar und präzise!

1. *Was sollst du hier eigentlich tun?*

   *Ich soll*____

2. *Wie machst du das am besten?*
   Wie gehst du sinnvoll vor?

   Meine Strategie:
   *Ich*____

   ____

3. Bedenke: Step-by-Step - Genau hinschauen - sorgfältig arbeiten!

4. Fertig? Nein - Halt - Stopp - Überprüfen

Denkst du, dass eine andere Strategie besser/schneller/sinnvoller gewesen wäre? Wenn ja, welche?

Hast du eine gute Strategie gefunden? - Super. Dann probiere doch jetzt gleich eine kniffelige Textaufgabe aus:

- **Für Fortgeschrittene eine Knobelaufgabe**

Löse sie Schritt für Schritt. Vielleicht legst du dir zur Erinnerung die Signalkarten 1-5 auf den Tisch und arbeitest sie der Reihe nach ab. Vielleicht kannst du deine Schritte laut kommentieren.

Also hier deine Knobelaufgabe:
Eine rechteckige Wiese ist 100 m lang und 23 m breit. Sie soll mit Draht eingezäunt werden. Der Draht soll dreifach gespannt werden. Für das 3 m breite Tor wird kein Draht verwendet. Für das Verknüpfen und Befestigen des Drahtes werden insgesamt zusätzlich 15 m Draht benötigt. Wie viele Meter Draht werden insgesamt benötigt?

1. *Lies die Aufgabe genau durch:*
   Was ist gegeben?
   Was ist gesucht?
2. *Überlege den Lösungsweg:*
   Mache dir eine Zeichnung von der Aufgabe
3. *Rechnung:*
   Haupt- und Nebenrechnung gut kennzeichnen
4. *Ergebnis*
5. *Kontrolle! und Antwortsatz!*

Hier kannst du dir die Musterlösung ansehen

Rechne Schritt für Schritt:

Wie viel Draht wird zum Einzäunen benötigt?

So könnte es gehen:

Zeichnung:

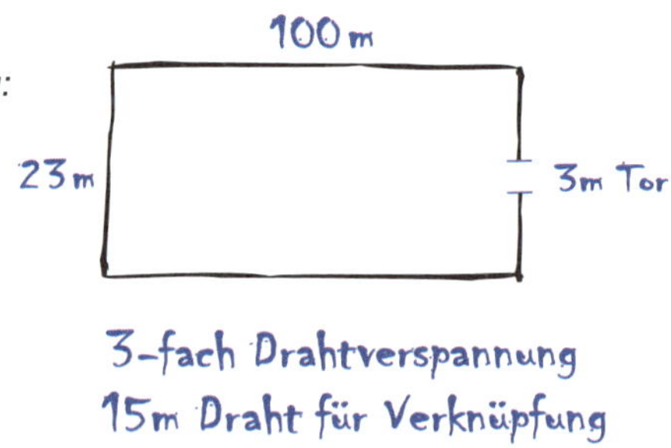

(100 m x 2) + (23 m - 3 m) + 23 m = 243 m

243 m x 3 = 729 m

729m + 15m = <u>744 m</u>

Zum Einzäunen der Wiese werden 744 m Draht benötigt.

• Skizze für Klarheit

Clever & Co haben dir bei der Textaufgabe ein Beispiel gezeigt, wie hilfreich eine Skizze sein kann.
Du kannst anhand einer Skizze deine Strategie gut überlegen und dir wichtige Fakten anschaulich machen.

Hier ein anderes Beispiel:

Du sollst herausfinden, ob Felix oder Laura mehr Kuchen essen:

Felix ißt von der Erdbeertorte 5 Stück. Die Torte ist in 10 gleich große Stücke geteilt. Laura isst 6 Stücke von der Kirschtorte, die aber in 14 Teile aufgeteilt ist.

Wer von beiden bekommt stärkere Bauchschmerzen, weil er mehr Kuchen gegessen hat?

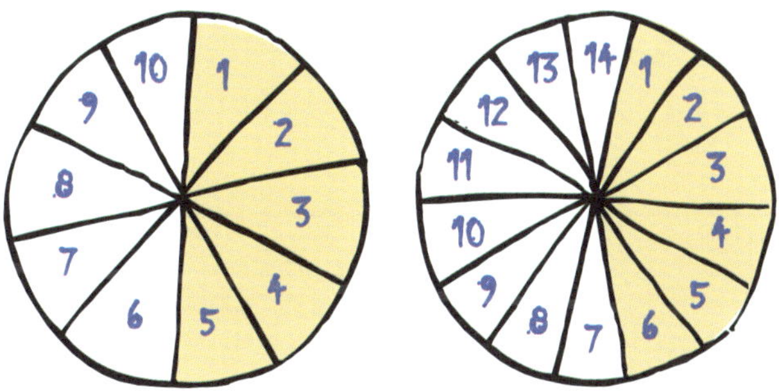

Rechne es genau aus und überprüfe deine Lösung.

Infos organisieren

Dazu ein kleines Experiment:

In welchem der zwei Bilder kannst du die Aufgaben schneller lösen? Decke jeweils das Bild ab, auf das du gerade nicht schaust. Stopp die Zeit für jede Aufgabe und jedes Bild.

Fertig? Dann leg los:

- *Zeige in jedem Bild die Nummern 1, 7 und 10.*
- *Welche Ziffer fehlt jeweils in den Bildern?*
- *Zeige die Ziffern der Reihenfolge nach!*

Bestimmt kannst du die Aufgaben im 2. Bild schneller lösen, weil die Ziffern übersichtlicher angeordnet sind. Man findet etwas mit Ordnung im Überblick schneller als im Chaos. Dies gilt natürlich auch für Infos beim Lernen.

Du kannst auch die folgende Zahl mit einem ganz einfachen Trick besser abspeichern:

685186415

wenn du es nur etwas anders schreibst

685. 186. 415

- ## Ordnung – schneller finden, besser lernen

Zu dem Wort „Ordnung“ machen sich bei dir wahrscheinlich sofort abwehrende Motzgedanken breit. Vermutlich ist der Begriff bei dir nur mit negativen Bildern verknüpft. Versuche deshalb positive Bilder dazu zu laden, wie z.B. dadurch mehr Zeit zum Spielen zu gewinnen. Dazu gehört auch eine übersichtliche Heftführung.

Ein Vergleich:

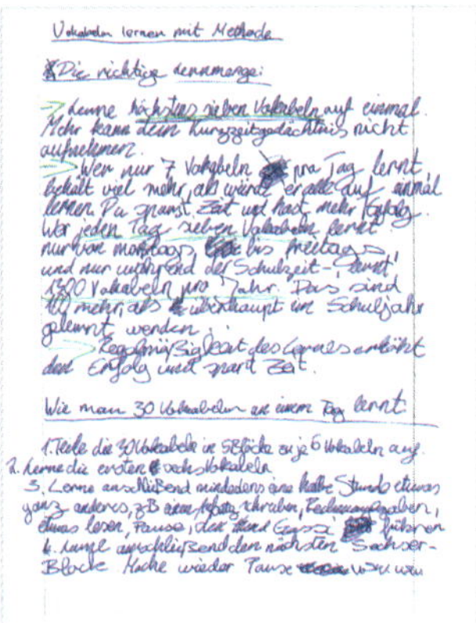

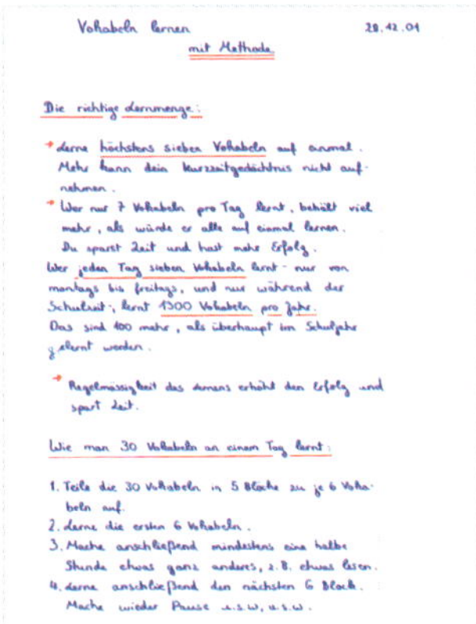

Mit welchem Heft würdest du dich lieber auf eine Klassenarbeit vorbereiten?

Eine übersichtliche Heftseite bietet eine Menge Vorteile, weil:

- *das Datum dir Aufschluss darüber gibt, wann ein bestimmtes Thema behandelt wurde;*
- *die Überschrift dir einen Hinweis auf das Thema gibt;*
- *der Rand dir Platz für kurze Anmerkungen/Korrekturen lässt ;*
- *das ordentliche Unterstreichen Stichwörter anzeigt, damit du nicht alles durchlesen musst;*
- *das freie Kästchen/die freie Zeile zwischen den Aufgaben oder den Textabschnitten Aufgaben voneinander abgrenzen;*
- *ordentliche Schrift dir beim Lesen und Entziffern einen Zeitvorsprung verschafft.*

Du bekommst so eine schnellere Übersicht.

Wenn du eine unleserliche Handschrift hast, die sich trotz Anstrengung nicht verbessern lässt, gewöhne dir an, Texte und Vorbereitungen für Klassenarbeiten mit dem PC zu schreiben. Dann kannst du dir über die Formatierung des Textes Übersicht verschaffen und deine Infos gut organisieren.

System und Ordnung machen das Lern-Leben einfacher und sorgen für eine schnellere Arbeitsgeschwindigkeit.

• Der Blick für das Wesentliche - markiere 10% vom Text

Versuche vom Text das Wesentliche zu erfassen und dir zu merken.

Pinguine sind Vögel, die nicht fliegen können, aber an das Leben im Wasser gut angepasst sind. Dabei handelt es sich um ganz ähnliche Erscheinungen, wie wir sie schon von den ans Wasserleben angepassten Säugetieren wie Walen und Flossenfüßlern kennen. So sind die Flügel der Pinguine zu flossenähnlichen Organen umgebildet, die nicht mehr mit großen Schwungfedern, sondern mit kleinen, schuppenförmigen Federn bedeckt sind. Auch am übrigen Körper finden sich überwiegend kleine Federn.
Dem Wärmeschutz im kalten Wasser dient eine Speckschicht unter der Haut. Die Beine der Pinguine sind sehr kurz: alle vier Zehen sind nach vorne gerichtet und durch Schwimmhäute verbunden. Pinguine sind schnelle, wendige Schwimmer, die ihre Flügel als Ruder und die Beine zum Steuern benutzen Sie schnellen aus dem Wasser auf das Land hinaus, oft in hohem Bogen. An Land ist ihr Körper aufgerichtet und sie laufen trippelnd und springen umher. Gelegentlich schieben sie sich auch mit Flügeln und Füßen auf dem Bauch liegend vorwärts.

• Markiere wichtige Wörter durch einen Markerstift oder durch Unterstreichen oder durch Herausschreiben der Wörter

Du machst in diesem Moment nichts anderes, als eine Unmenge von Infos auf Signalwörter zu komprimieren. Das ist besonders wichtig, wenn du lange Texte bearbeiten sollst und dich an den Inhalt auch noch nach einer längeren Zeit erinnern willst. Es reicht dann nicht aus, den Text einfach nur gelesen zu haben. Du wirst am selben Tag einen Großteil des Gelesenen vergessen haben, wenn du keine Techniken anwendest, um wichtige Dinge als Datenpakete zusammenzuschnüren.

Versuche den Text nur anhand der markierten Wörter nachzuerzählen oder deinem Freund einen Vortrag über die Pinguine zu halten.

- **Fertige zu dem Text eine kleine Zeichnung an und beschriften sie:**

sie könnte z. B. so aussehen:

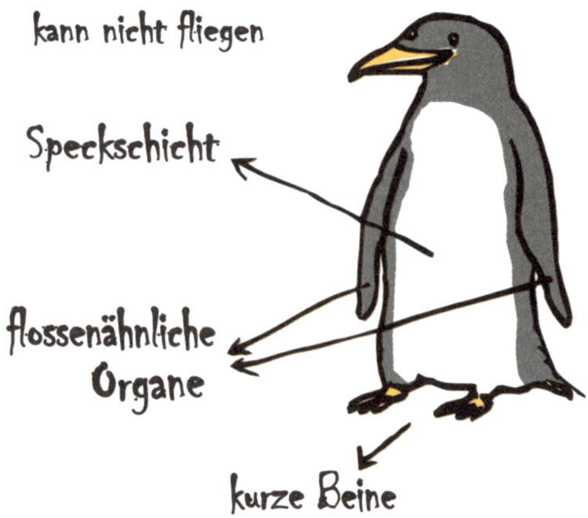

• Notizen als MindMap

Möchtest du ein Thema von allen Seiten beleuchten, aber trotzdem den Überblick behalten? Möchtest du einen riesigen Berg vorn Lern-Daten effektiv und schnell bearbeiten? Musst du ein Referat vorbereiten oder einen Aufsatz schreiben? Planst du eine Klassenfete?

Hier hilft dir das Tool **MindMapping**.
Du kannst hiermit wunderbar deinen Ideen freien Lauf lassen, ohne das Thema aus den Augen zu verlieren.

Du benötigst nur ein großes weißes Blatt und feine Filzstifte in verschiedenen Farben. Lege das Blatt quer vor dich und lasse deine Gedanken sprudeln:

In der Mitte des Blattes steht das Thema. Das kreist du dick farbig ein. Davon gehen große Äste ab für wichtige Unterthemen. Von diesen können auch wieder kleinere Verzweigungen mit Gedanken zum nächsten Unterthema aufgelistet werden usw....

Um dein MindMap noch anschaulicher zu machen, verwende Farben, Bilder und Symbole.

Jetzt hast du zu deinem Thema ein „Ideenbild“ gemalt und kannst es jeder Zeit ergänzen und dir Zusammenhänge damit verdeutlichen.

Hier ein Beispiel zum Thema „verschiedene Arten zu Lernen":

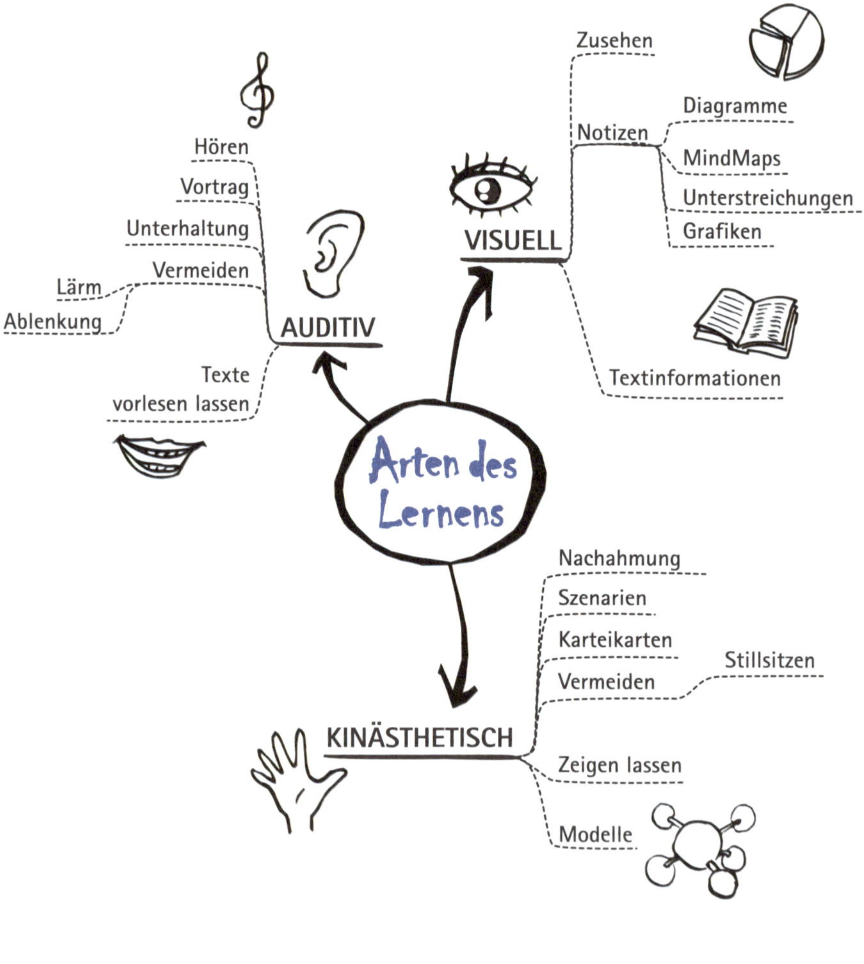

Meine eigene MindMap zum Thema:

Wie bin ich als Schüler erfolgreich?

Oder wenn du mal überhaupt kein Schulthema haben möchtest, plane mit einem MindMap:

Meine Klassenfete 

• Spickzettel-Training

Spickzettel zu produzieren ist eine fantastische Art, sich auf das Wesentliche zu beschränken.
Bei der Vorbereitung für eine Klassenarbeit wird dir auffallen, dass es oft erforderlich ist, sich wenige, aber zentrale Punkte, zu merken.
Du fängst zunächst groß an: Schreibe dir Notizen, Formeln, Vokabeln oder einen Lösungsweg auf einen DIN A4 Zettel. Bei der nächsten Wiederholung soll der Zettel immer kleiner werden, bis du einen Mini-Spickzettel vor dir hast.
Wenn du einen wirklich guten Spickzettel gemacht hast, brauchst du ihn gar nicht mehr zum Mogeln. Es reicht aus, ihn vor deinem „geistigen Auge" erscheinen zu lassen, sobald du nur an ihn denkst.

• Aufsatzschreiben mit System

Beim Aufsatzschreiben kommt es auf eine gute Ideensammlung an, die in ein entsprechendes Gerüst- Aufbau einer spannenden Geschichte oder einer logischen Abhandlung zum Thema X - gebracht werden muss.

1. Schritt:

Ideensammlung, „Brainstorming“

Notiere alles auf einen Zettel, was dir zum Thema in den Sinn kommt. Schreibe einfach Stichwörter auf. Manchmal ist es hilfreich, einzelne Stichwörter, Zitate etc. auf einzelne Zettel zu schreiben. Die kannst du dann im zweiten Schritt besser in das Gerüst „Aufsatz“ an der richtigen Stelle einfügen.

Bei einem Erlebnisaufsatz können z. B. die folgenden W-Fragen bei der Ideensammlung hilfreich sein:

- *Was ist geschehen?*
- *Wer war beteiligt?*
- *Wann und wo ist es geschehen?*
- *Wie genau waren die Umstände?*
- *Was war der Zweck, und was war das Ziel?*

Beim Brainstorming für einen Aufsatz bewährt sich auch die MindMap-Methode.

2. Schritt:

Sortieren der Ideensammlung und Gestaltung des Aufsatzes

Ein Aufsatz hat in der Regel drei Teile:
Einleitung – Hauptteil – Schluss.

Zeichne dir auf einen großen Zettel 3 Spalten, etwa so:

Einleitung	Hauptteil	Schluß
5 Stichwörter, Ideen	*7 Stichwörter, Ideen, etc.*	*3 Stichwörter, Ideen*

Du kannst deine Stichwörter auch auf deinem Zettel farbig kennzeichnen und jeweils den Spalten zuordnen. (z. B. alles für die Einleitung rot, für den Hauptteil blau, für den Schluss grün). Dann wird es dir nicht mehr schwer fallen, im Aufsatz den roten Faden zu behalten, und du wirst nicht mehr so schnell vom Thema abweichen.
Außerdem haben die Fehlerteufel kaum Chancen, deine Gedanken zum Thema zu blockieren. Das Gefühl „mir fällt überhaupt nichts ein" ist wie weggeblasen.

• Check für Klassenarbeiten – mit Plan zum Ziel

Auch hier ist Überblick und System gefragt. Ansonsten wird eine Klassenarbeit zum Pokerspiel oder zum Spielball für Fehlerteufel.

Mache dir zum Prinzip und notiere:

1. *Wann wird die Arbeit geschrieben?*
2. *Welche Themen werden bearbeitet?*
3. *Was muss ich konkret wissen?*

In der Regel werden Klassenarbeiten mindestens eine Woche vorher angekündigt. Schreibe dir die Infos in dein Hausaufgabenheft und arbeite dann für dich eine Vorbereitungs-Strategie aus.

Es ist unsinnig, bis zum letzten Tag vor der Arbeit zu warten. Dann ist alles ein riesiger Berg und du findest in dem Chaos der Daten keinen sicheren Weg zum Ziel.

Die Fehlerteufel sind wieder mächtig am Werk. Je größer der Berg, umso eher kommt die Schieberitis zum Einsatz, Motzgedanken bestimmen das Geschehen, aber auch Stress und Angst. Dies alles frisst viel zu viel Energie, bedeutet viel Streit und belastet nur dein LernFit-Programm.

Was schlagen Clever & Co vor? – Natürlich einen Plan: Organisiere deinen Lernerfolg, z.B. so:

Mein Klassenarbeits-Planer

Fach: MATHE
Datum d. Klassenarbeit: Dienstag, 10. 01.
Wieviel Tage habe ich Zeit: 6

Wann lerne ich was? Was lerne ich?	Tag	Uhrzeit	Mit wem?	Bemerkungen
Themen: Brüche addieren, subtrahieren, umwandeln; Textaufgaben wie Seite 73-74 im Mathebuch				
1. Tag: Brüche addieren u. subtrahieren	Mi 17.2.	15.30 - 16.00	alleine	
2. Tag: Brüche umwandeln	Do 18.2.	15.00 - 15.30	alleine	
3. Tag: Brüche multiplizieren	Fr 19.2.	14.00 - 14.30	Mama	
4. Tag: Textaufgaben Seite 73	Sa 20.2.	10.00 - 10.45	alleine	
5. Tag: Textaufgaben Seite 74	So 21.2.	10.00 - 10.30	Papa	
6. Tag: Wiederholen	Mo 22.2.	15.30 - 16.15	Mama	

OptiMind INSTITUT

Wie du hier in diesem Planer siehst, trägst du zunächst das Fach und das Datum ein, an dem die Klassenarbeit geschrieben werden soll. Daraus ergeben sich die Anzahl der Tage zur Vorbereitung - hier sind es sechs.

Deinen Lernstoff unterteilst du in fünf Pakete, ein Paket pro Zeile.

Die trägst du dann in die freien Zeilen ein - möglichst auch mit Seitenangaben im Mathe-Buch.

Lasse auch noch 2 Spalten dafür frei, wann und mit wem du diese Probeaufgaben bearbeiteten willst oder wer dich abfragt.

Am letzten Tag – dem 6.Tag – brauchst du dann nur noch ein-mal kurz die einzelnen Lern-Daten-Pakete kurz zu wiederho-len. Dann bist du fit und kannst mit einem sicheren Gefühl in die Schule gehen.

Hier ein Plan für dich zum Ausfüllen:

Mein Klassenarbeits-Planer

Fach: ____________________

Datum d. Klassenarbeit: ____________________

Wieviel Tage habe ich Zeit: ____________________

Wann lerne ich was? Was lerne ich?	Tag	Uhrzeit	Mit wem?	Bemerkungen

opti Mind INSTITUT

Den Klassenarbeitsplaner kannst du als Pdf von der homepage www.opti-mind.de herunterladen.

Je öfter du solch einen Plan anwendest, umso besser kannst du deine geplanten Ziele verwirklichen.
Vielleicht stimmt dann bei dir auch der Spruch:

> *Eine Reise von 10.000 Schritten wäre kürzer, wenn du nur das Ziel und die Route auf der Landkarte angeschaut hättest.*

Auch Manager planen ihre Aktivitäten auf ähnliche Weise. Sie wissen, dass Planung Zeitgewinn bedeutet und die Investitionen in einen Plan sich immer rechnen.
Sie nennen diese Tatsache u.a. das **„Pareto-Prinzip“**

Es bedeutet:

*DU KANNST MIT **20 %** DEINER ZEIT BEREITS **80 %** DEINER ERFOLGE ERZIELEN, WENN DU SIE RICHTIG EINSETZT.*

- ## Die Meldeliste – der Plan für mündliche Mitarbeit

Plane deinen Erfolg! Wenn schriftliche Arbeiten nicht immer optimal klappen, gibt es gute Ausgleichsmöglichkeiten. Gibt es bei euch auch das 50:50-Prinzip? Die Noten aus schriftlichen Klassenarbeiten machen "nur" die Hälfte der Gesamtbeurteilung aus, die anderen 50% sind mündliche Beteiligung, gute Ideen und gute Ergebnisse bei der Hausaufgabenüberprüfung.
Wie oft meldest du dich eigentlich? Registriert dich der Lehrer überhaupt?
Jule hatte z.B. immer das Problem, dass einige Lehrer sie erst nach Monaten überhaupt wahrgenommen hatten. Seit sie sich auch für die Beteiligung am Unterricht einen richtigen Plan gemacht hat und sich vor der Stunde fest vornimmt,

sich mindestens 3x zu melden, macht ihr der Unterricht mehr Spaß, und sie bekommt eine bessere Beurteilung. Das ist ein gutes Polster, und sie kann gelassener in die nächste Klassenarbeit gehen.

Probiere das System der Meldeliste aus!

Zur Förderung deiner Motivation in „schwachen Fächern" ist es sinnvoll, eine Meldeliste zu entwickeln. Dort trägst du ein, wie häufig du dich in welcher Woche und in welchem Fach melden möchtest.

Hier ein Beispiel von Jule:

März Fach	*So oft möchte ich mich mindestens pro Schulstunde melden:*	*Gesamte Schulstunden im Monat März:*	*So oft muß ich mich im März melden:*	*So oft habe ich mich gemeldet:*
DEUTSCH	2	16	32	IIII IIII IIII IIII III IIII IIII IIII III
MATHE	1	14	14	
GESCHICHTE	2	10	20	

Für dich, zum selber ausfüllen:

Fach	*So oft möchte ich mich mindestens pro Schulstunde melden:*	*Gesamte Schulstunden im Monat März:*	*So oft muß ich mich im März melden:*	*So oft habe ich mich gemeldet:*

OptiMind INSTITUT

Plane immer von einem zum anderen Monat. Dies garantiert, dass du dich nicht über- oder unterschätzt und somit die Zahlen für den nächsten Monat korrigieren kannst.

Der Monatsplan ist übrigens sehr praktisch. Wenn du dich mal in einer Stunde gar nicht oder weniger als geplant meldest, kannst du das in einer nächsten Stunde wieder ausgleichen, indem du dich dann entsprechend öfter meldest.
Es kommt schon einmal vor, dass du dein Tagespensum nicht einhalten kannst, weil ihr vielleicht über die Hälfte der Stunde einen Film schaut, du dich nicht wohl fühlst oder einfach mal keine Lust hast mitzuarbeiten.

GUT GELAUFEN!
BOTANIK
Baumarten
Photosynthese
CHEMIE
H2O
Genetik
Zellbiologie
PHYSIK
Mechanik
FORMELN
SUPER
KUNST
%
Geheimnisse
Tricks
Geschichten
Spielregeln
Witze
Spezialinformationen
Grammatik
Zeichensetzung
Fremdwörter
Zeiten
Aktuelles
Rechtschreibung
Regeln
Ausnahmen
RECHNEN

3.5

Motivation

»» Die optimale Softwarepflege für LernFit

Clever & Co haben dir mittlerweile viele Tools vorgestellt, die dein Programm LernFit optimieren und die Fehlerteufel in ihrer Aktivität bremsen. Du kannst dein Programm vor Startschwierigkeiten, Programmabsturz, Datensalat etc. schützen und die Info-Verarbeitung effektiver gestalten. Dadurch erreichst du deine Lernziele besser und schneller.

Clever & Co zeigen dir jetzt aber zusätzlich noch einige Tipps, wie dein Programm LernFit **auf Dauer** gut läuft. Es gehört auch eine optimale Softwarepflege dazu und ein Training des LernFit Programms.

• Motivation - Power für LernFit

Kann Lernen Spaß machen? – sag nicht vorschnell „nein"! Wenn du behauptest, Lernen hätte noch nie Spaß gemacht, hast du nicht lange genug nachgedacht. Jeder hat nämlich Lust, etwas Neues zu erleben und zu beherrschen. Vielleicht ist es aber nicht immer das, was du in der Schule erfährst. Jeder braucht Motivation – genauer gesagt „Selbst-Motivation", wenn man etwas erreichen will.

Krame einmal in deiner Gedankenkiste und denke nach:
Wann hattest du Spaß beim Lernen? Wie war das genau? Bei was? Wer war sonst noch dabei?
oder
Wo sind deine besonderen Talente? Was kannst du besonders gut? Was willst du erreichen? In welchem Job willst du später arbeiten?

Meine Talente und meine Ziele: 

• **Mentaltraining? - die Kraft der Gedanken**

Hast du schon einmal von dem Phänomen gehört, dass man mit Glauben Berge versetzen kann? Tatsächlich gibt es eine Unmenge von Beispielen, dass positive Gedanken zu einer Sache schon die halbe Miete sind.
Diese entstehen aber nicht einfach „nur so". Sie haben viel mit Lob und Anerkennung zu tun. Auch wenn vielleicht vieles zuletzt schief gegangen ist, gibt es immer zwischendurch ein paar Lichtblicke, an die man sich gern erinnert.
Erinnerst du dich an solche Situationen?
Schreibe dir solche Kommentare auf einen Erfolgszettel, und hänge ihn an deine Pinnwand über deinem Schreibtisch.

Da könnte stehen:

Häufig genügt schon das Lesen deiner Erfolgszettel, um nicht aufzugeben, falls du dich vor einer schwierigen Aufgabe drücken willst.

- **Kampf den Negativ-Gedanken, die dich runterziehen**

Dieses Fach hasse ich absolut!
Das Beschissenste, was es gibt, ist Englisch!
Mathe kotzt mich total an!
Ich kann Physik nicht ausstehen!
Schreiben ist ätzend!

Das mag ja alles sein, aber…
Versuche einfach einmal auch deinem schlimmsten Fach eine gute Seite abzugewinnen. Geht nicht?

Lass es uns probieren, z.B.:

Englisch mag als Schulfach zwar blöd sein, aber überlege mal, wie vorteilhaft es ist, wenn du die englische Sprache beherrschst.

Du kannst dann:

- *Englische Songs verstehen;*
- *Computersprache schneller erfassen;*
- *dich im Ausland verständigen;*
- *Filme sehen und verstehen, bevor sie ins deutsche Kino kommen.*

Versuche Argumente zu finden, wofür vielleicht ein anderes „Frust-Fach“ sinnvoll sein kann und dir Vorteile verschafft.

Mathe: ....

....

Negative Gedanken wie „Das kann ich nicht!“, „Das kapiere ich nie!“ oder „Ist doch eh alles doof!“ vermasseln dir nur den Start ins LernFit-Programm. Lass sie nicht zu und werfe sie in den „Gedankenpapierkorb“.
Denke an deine Stärken! Blicke positiv nach vorne und erfinde für dich einen „Mutmach-Spruch“.
Noch ein paar Anmerkungen zum „Mutmach-Spruch“.

- *Formuliere die Sätze immer positiv, also ohne die Wörter wie „nicht“, „kein“, „ohne“ etc.*
- *Verwende keine negativen Wörter, wie „Angst“, „versagen“, „schlecht“ etc.*
- *Formuliere die Sätze in der Gegenwart, so als ob die Gedanken sich schon verwirklicht hätten*

Ich packe es einfach an.

oder:

Ich schaffe es –
nur jeden Tag 10 Vokabeln!

oder:

Take it easy, but take it!
– am besten sofort.

- **Die positiven Seiten von: Punkten, Noten und Beurteilungen**

Bei Schule und Erfolg denkt jeder zunächst an Punkte, Noten und Beurteilungen. Mit diesen Mitteln bewertet der Lehrer nicht dich als Person, sondern einen Teil deiner Leistungen - z.B. das Lösen von Matheaufgaben in der Klassenarbeit. Eine 5 in der Deutscharbeit heißt nicht: du bist dumm. Die Note 5 sagt, dass du die Grammatikregeln für diese Arbeit nicht ausreichend gut gewusst und angewendet hast. Lerne aus Fehlern für die nächste Arbeit! Benutze die Berichtigung als neue Trainingsmöglichkeit. Frage dich, was du tun musst, damit es beim nächsten Mal besser klappt. Vielleicht füllst du noch einmal einzelne Checklisten auf der Suche nach deinen Fehlerteufeln aus und probierst die ver-schiedenen Tools aus.

Lass dich nicht unterkriegen und handele nach dem Motto:

Jede Niederlage bedeutet auch eine Chance!

Aus Fehlern kann man lernen!

Der Erfinder Thomas A. Edison sagt dazu:

"Erfolg ist das Gesetz der Serie, und Misserfolge sind Zwischenergebnisse. Wer weitermacht, kann nicht verhindern, dass er irgendwann auch Erfolg hat."

Uli Hoeneß, ein erfolgreicher Profi-Fußballer und Fußball-Manager kommentiert:

„Auch ein Uli Hoeneß macht Fehler - aber ganz selten zweimal denselben."

Man kann auch Punkten und Noten etwas Positives abgewinnen! Helfen sie dir nicht manchmal, mit der Arbeitsvorbereitung anzufangen? Und wenn es gut gelaufen ist, sind sie nicht auch eine verdiente Belohnung? Über gute Noten freut sich jeder!

- **Selbstloben - aber wie?**

Lasse deine Taten nicht ungeachtet vorbeiziehen, auch wenn du der Einzige bist, der sie bemerkt hat!

Denke zunächst an das, was du kannst oder schon gemacht hast:

„Toll, die 10 Vokabeln habe ich schon!"

Ein Lob für sich selbst kann ganz unterschiedlich aussehen:

- *Dir selbst laut sagen: „Das habe ich gutgemacht!"*
- *Dich entspannt zurücklehnen und den Erfolg genießen*
- *Dir eine kleine Belohnung gönnen*

Belohnung? Auch das ist wichtig, wenn du deinen Job gut erledigt hast.

Überlege, wie du dich nach der Erledigung deiner Hausaufgaben, nach dem Vokabeln-Lernen oder nach der Lerneinheit für die Klassenarbeiten belohnen kannst. Vielleicht hörst du deine Lieblingsmusik, holst dir ein Eis, telefonierst mit deiner Freundin …

Welche kleinen Belohnungen fallen dir spontan ein:

- **Wissen motiviert!**

Max hat seine Hausaufgaben für Geschichte erledigt und sich die Beschreibung aus dem Mittelalter nochmals durchgelesen. Im Unterricht kann er sich deshalb häufig melden und glänzt durch sein Wissen. Er arbeitet aktiv mit, denkt mit und lernt somit schon manches aus dem Unterricht. Zusätzlich bekommt er ein dickes Lob von seiner Lehrerin, und der Unterricht ist wie im Flug vergangen.

• Ziele erreichen

Wo stehe ich? - Was will ich bis wann erreichen?
Ziele sind der "Motor" für das Handeln. Es macht Spaß, Ideen zu verfolgen, Energie dafür einzusetzen und dann das tolle Gefühl zu genießen, dass alle Hürden überwunden sind und man am Ziel ankommt. So machen das übrigens auch Spitzensportler. Sie richten danach ihren Trainingsplan aus. Versuche deshalb dein nächstes Ziel, das du erreichen willst, schriftlich festzuhalten.

Schreibe dir dein Ziel genau auf z.B. „Ich möchte mich in Deutsch auf eine zwei verbessern“ und hänge diesen Zettel über deinen Schreibtisch. Setzte dir einen Zeitpunkt für deine Zielerreichung.

Max setzt sich folgende Ziele:

1. *in der nächsten Mathearbeit eine 3*
2. *in Englisch im Mündlichen eine 2, muss mich dann jede Std. mindestens 3x melden*
3. *nächste Woche in der Tennisqualifikationsrunde die Teilnahmeberechtigung für die Bezirksmeisterschaften erreichen*

Mache dir eine Liste über deine nächsten Lernziele.

Meine Lern-Ziele:

1. ______________________
2. ______________________
3. ______________________
4. ______________________

Wischi-Waschi-Formulierungen wie „Ich möchte in der Schule besser werden" oder „Ich möchte gute Noten schreiben" sind zwar gut gemeinte Wünsche, aber zu wenig konkret, um dein Ziel zu erreichen.

- **Mein Check: wo stehe ich – wo will ich hin?**

Damit deine Ziele auch realistisch und erreichbar sind, musst du dir zunächst einen Überblick verschaffen. Versuche auch eine Rückmeldung von der Lehrerin zu erhalten.
Du kannst dir z. B. für jedes Fach eine Tabelle machen:

Noten-Checkliste

Fach	Datum der Arbeit	Art der Arbeit	Note	Arbeitsblatt eingeklebt	Berichtigung, Kommentar der Lehrerin	Mein Ziel
Deutsch	*8.10.*	*Buchprojekt*	*3 -*	✓	*gut!* ✓	
	23.11.	*Grammatik*	*3 -*	✓	*Denke an die Punkte am Satzende!* ✓	*bei der nächsten Arbeit 1 Woche vorher Vorbereitung anfangen*
	19.12.	*Vergleichsarbeit*	*4 -*	*f*	*Stoffsammlung nicht berücksichtigt!*	*Kopien jeden Tag einkleben*
Mathe	*2.11.*	*Bruchrechnung*	*3 -*	–	*nicht alles geschafft, 1 x 1 üben!*	*1 x 1 wiederholen*

- **Zum Erfolg gibt es keinen Aufzug – aber du kannst die Treppe benutzen.**

Überlege, wie viele Schritte du zum Ziel brauchst. Gehe Schritt für Schritt vor. Die Tour de France wird auch nicht in einem Rutsch gefahren, sondern in Etappen. Und es gibt nach jeder Etappe einen Sieger im gelben Trikot.

Wie kannst **du** dich nach einem erfolgreichen Abschluss einer Etappe belohnen?

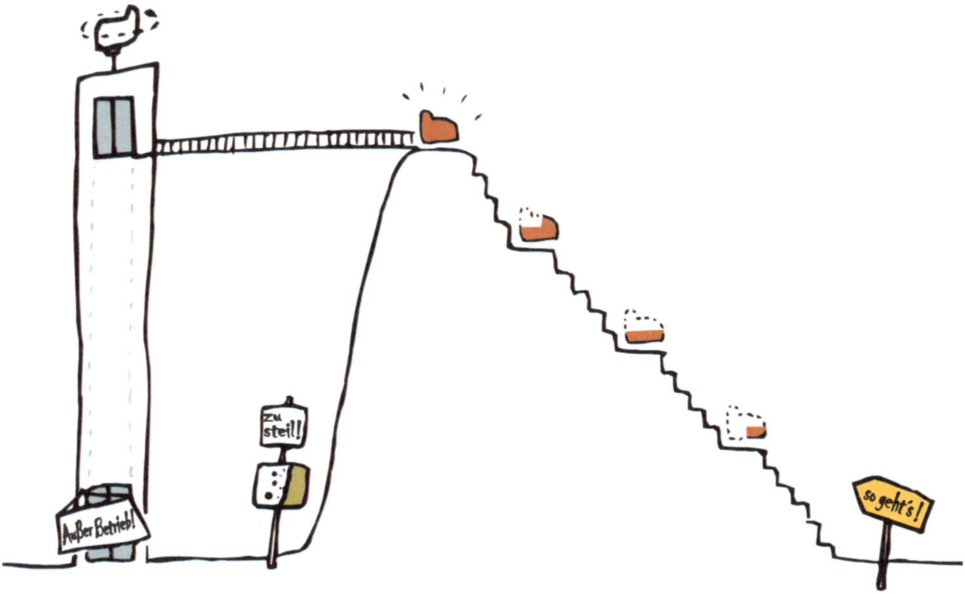

Je häufiger du auf deinem Weg zum Ziel Erfolge für dich verbuchen kannst, desto mehr motiviert dich das, und du hast neue Energie für den nächsten Abschnitt. Es gibt dir Sicherheit und ein gutes Gefühl auf dem richtigen Weg zu sein.

• Automatisieren – einmal ist keinmal

Als aktiver Anwender deines Programms LernFit wirst du immer schneller und besser, je öfter du es benutzt und Abläufe vereinfachst.

Durch Training, Vorbereitung, Automatisieren (Gewohnheiten entwickeln) wird auch dein Job als Schüler leichter.
Beim Lernen bedeutet dies, dass Info, auch wenn sie schon auf der Festplatte ist, mehrere Male zur Verarbeitung in den aktuellen Arbeitsspeicher geladen und anschließend wieder in den gleichen Ordner auf der Festplatte abgelegt werden muss. Bei der nächsten Runde findest du den Weg zum Ordner schon schneller, und deine Bearbeitungsgeschwindigkeit verkürzt sich zunehmend. Wir benutzen für diesen Vorgang auch oft den Begriff: **wiederholen**.

So wird aus einer noch sehr instabilen Datenbahn eine feste, stabile Verbindung. Das ist so ähnlich wie bei einem kleinen, kaum sichtbaren Trampelpfad, der auch erst dann zu einem leicht begehbaren großen Weg wird, wenn er öfters benutzt wird.

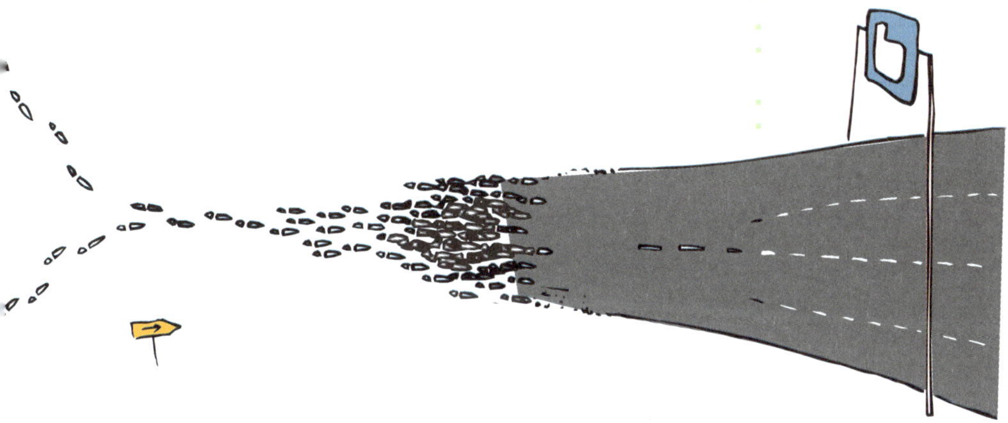

Ganz gleich ob du Spitzensportlern, Musikern oder Handwerkern beim Einüben und Automatisieren einzelner Fertigkeiten zusiehst, auch sie benutzen dieses Prinzip Wiederholung.

Um einen Song nach zu singen, musst du ihn mehrfach gehört haben - bis Rhythmus und Text dir ins Blut gehen. Mit Fremdsprachen ist es nichts anderes. Das Patentrezept zum Erlernen einer Sprache: oft hören und nachsprechen. Hören und nachsprechen. Hören und nachsprechen.... Selber sprechen.

Wenn du ohne viel nach zu denken, dich in einer Sprache verständigen kannst, hast du die Automatisierung perfekt geschafft.

Cool, lernen ohne Anstrengung!

• Im Schlaf lernen? - geht!

Wie funktioniert das?

Also, beim Lernen werden neue Verbindungen von Infos geknüpft, Datenpakete gespeichert, und es entsteht eine Gedächtnisspur. Das Neu-Gelernte lädt sich dann in der Tiefschlafphase wieder zurück in den Arbeitsspeicher - wir bemerken es manchmal als „träumen“, – knüpft neue Verbindungen und geht zurück in seinen Ordner auf der Festplatte – dem Langzeitgedächtnis.

Das bedeutet nichts anderes, als dass im Schlaf ein download des Gelernten stattfindet: Infos werden offline von der

„Festplatte Langzeitgedächtnis" in das Arbeitsgedächtnis übertragen, kurz bearbeitet und wieder abgespeichert.

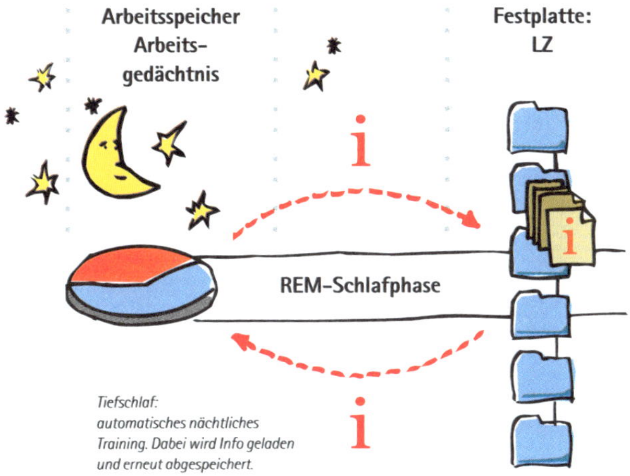

Damit dieses eigenständige Trainingsprogramm in deinem Schlaf ablaufen kann und Infos hin und her geschickt werden, ist es wichtig, manche Daten kurz vor dem Schlafen noch einmal zu laden. Dies passiert, wenn du dir z.B. einzelne Vokabelkarteikarten noch einmal kurz anschaust oder noch einmal einen Text kurz durchliest.

Du solltest aber auch wissen, dass dieses Schlaf-Infotraining nur in bestimmten Schlafphasen passiert: in unseren Traumphasen (REM-Phasen) im Tiefschlaf. Alles, was diese Traumphasen zerstört oder verhindert, ist Gift für das selbstständige Infotraining in der Nacht.
Deshalb ist es Blödsinn, die Nacht vor einer Arbeit durchzu-

machen oder erst abends vor der Klassenarbeit zu lernen. Du verzichtest dann auf dein automatisch ablaufendes nächtliches Lerntraining. Viel wichtiger ist, zu schlafen.
Schlafphasen können auch durch Alkohol, Drogen etc. verändert werden, und dann werden natürlich auch keine Datenpakete trainiert.
Zuviel Stress ist ebenfalls Gift!

Also definiere deine nächsten Ziele und benutze die vorgeschlagenen Pläne. Dann kann nichts schief gehen!

- **Lob stinkt nicht!**

Ohne Motivation, Lob und Anerkennung läuft auch LernFit nur auf Sparflamme. Es kann sogar passieren, dass die Gegenspieler von Motivation - die Unlust und der Frust - sich so breit gemacht haben, dass überhaupt keine Power mehr zur Verfügung steht. Das ist so wie ein Stromausfall an deinem PC.
Also beuge dem vor!
Jeder kleine Teilerfolg ist ein Sieg, den du feiern solltest!

Sei stolz auf das, was du geleistet hast!

- **Lob von anderen?**

Wie erfährst du Lob und Anerkennung von anderen? Wie formulieren dies deine Lehrerin, deine Eltern oder Mitschüler?

Erreichst du ein Teilziel nicht, hast du die Chance, zu reagieren und Kurskorrekturen vorzunehmen.

• Akku laden - Energie tanken

Wodurch kannst du am besten wieder Energie tanken? Was sind deine Hobbys? Wie findest du am besten Ausgleich zum Programm „Lernen und Schule“?

Wenn du dein LernFit Programm beendest, genieße eine Aktivität, damit dein Akku wieder auflädt. Viele können sich gut bei Sport und Bewegung entspannen. Oder auch bei einem Treffen mit Freunden.
Plane diese Termine gleich in deinem Wochenplaner mit ein. Wie du schon erfahren hast, dient der Wochenplaner dazu, dir mehr Freizeit zu verschaffen und, dass du mehr Überblick über deine Spaßzeit gewinnst. Besiege damit deine Zeitdiebe, und nutze deine Freizeit in vollen Zügen.

Welche 5 Spaßaktivitäten machen dir am meisten Freude?

Meine Spassprogramme:

____

____

____

____

____

Und zuletzt:

Take it easy - but take it!

Viel Spaß!

VOKABELN

4.

Vorlagen zum downloaden

Hier sind noch einmal die Pläne in Grossformat, damit du sie besser als Vorlage benutzen kannst. Wenn du möchtest, kannst du sie auch als pdf-Dokument auf unserer Homepage lesen und ausdrucken.

- **Wochenplaner**
- **Hausaufgabenheft**
- **Klassenarbeits-Planer**

Unsere Homepage: **www.opti-mind.de**

Wochenplaner

von: ____________ bis: ____________

Zeit	Montag	Dienstag	Mittwoch	Donnerstag	Freitag	Samstag	Sonntag
13:00 - 13:30							
13:30 - 14:00							
14:00 - 14:30							
14:30 - 15:00							
15:00 - 15:30							
15:30 - 16:00							
16:00 - 16:30							
16:30 - 17:00							
17:00 - 17:30							
17:30 - 18:00							
18:00 - 18:30							
18:30 - 19:00							
19:00 - 19:30							
19:30 - 20:00							

Opti Mind INSTITUT

Tag, Datum:

Fach	zu erledigen bis	erledigt
		☐
		☐
		☐
		☐
		☐
		☐

Notizen:

wichtig:

Tag, Datum:

Fach	zu erledigen bis	erledigt
		☐
		☐
		☐
		☐
		☐
		☐

Notizen:

wichtig:

Mein Klassenarbeits-Planer

Fach: ______________________

Datum d. Klassenarbeit: ______________________

Wieviel Tage habe ich Zeit: ______________________

Wann lerne ich was? Was lerne ich?	Tag	Uhrzeit	Mit wem?	Bemerkungen

OptiMind Institut

Das OptiMind-Institut

Im OptiMind-Institut bieten wir regelmäßige Fortbildungen zum Thema ADS, u.a. das ADS-Elterntraining an. Wir bilden darüber hinaus Fachleute zum ADS-Coach nach der OptiMind-Methode aus.
Der Ausbildungsgang zum Aufmerksamkeitstrainer mit den OptiMind Trainingsmaterialien für Therapeuten.
Sie können Informationen über diese Fortbildungsveranstaltungen auf www.opti-mind.de nachlesen und eine Adressenliste von den Absolventen der Ausbildung zum ADS-Coach einsehen und diese bei Bedarf kontaktieren.

Zusätzlich bieten wir als Multimedia-Seminar an:
- ADS aus Sicht der Kinder
- ADS und Lernprobleme

OptiMind-Institut
Adolfsallee 15
65185 Wiesbaden
kontakt@opti-mind.de
www.opti-mind.de

MEHR WISSEN · BESSER VERSTEHEN · GEZIELT HANDELN
Bücher, Multimedia und Trainingsprogramme

Sehr geehrte Damen und Herren!

Wir sind über unsere erste Veröffentlichung mit dem Ratgeber „Das ADS-Buch" bekannt geworden. Aufgrund der Nachfrage und Vertiefung der Themen Aufmerksamkeitsstörungen (ADS) und Entwicklungsauffälligkeiten haben wir einen eigenen Verlag gegründet.

Eltern, Pädagogen und Therapeuten haben ein gemeinsames Ziel: Kinder sollen mit Anforderungssituationen besser zurecht kommen, ihre Konzentrationsfähigkeit steigern und weitere Defizite beim Lernen und im Verhalten minimieren. Wir haben deshalb Ratgeber für Eltern sowie Manuals für Pädagogen, Psychologen und Therapeuten entwickelt, die inhaltlich aufeinander abgestimmt sind, so dass Eltern und Fachleute als Team arbeiten können.

Unsere Ratgeber, Trainingsprogramme und Multimedia-Seminare zeichnen sich durch eine hohe Qualität, Professionalität und aufwändige Gestaltung aus. Jeder kann sich sofort gut in die Themen einfinden und Tipps direkt umsetzen. Sie sind immer eine gute Empfehlung, um Kinder gezielt zu unterstützen.
Wir möchten Ihnen Ihre Arbeit erleichtern

· mit hochwertig ausgestatteten Materialien,
· mit intensiver Öffentlichkeitsarbeit,
· mit guten Konditionen.

Wir freuen uns auf eine gute Zusammenarbeit.
Ihr Team von OptiMind media

Unsere ersten Veröffentlichungen sind Bestseller

Man kennt uns

Durch die ADS-Ratgeber im Oberstebrink-Verlag sind Dr. med. Elisabeth Aust-Claus und Dr. Dipl-Psych. Marina Hammer als kompetente Autorinnen bei über 250.000 Eltern bekannt. Die Fortentwicklung des Themenschwerpunkts ADS finden Sie in unseren Veröffentlichungen im OptiMind media-Verlag.

AD(H)S Erkennen und Begleiten

Der Bestseller „Das ADS-Buch" hat dazu beigetragen, dass in Deutschland nicht nur ADS mit Hyperaktivität, sondern auch ADS vom verträumten Typ diskutiert wird und alle ADS-Kinder Hilfen erfahren.

Aust-Claus / Hammer	320 Seiten,
Das A•D•S-Buch	4-fbg. Abb. und Illustr.,
Neue Konzentrationshilfen	14,8 x 21,3 cm, Broschur
für Zappelphilippe und	4-fbg. Abb. und Illustr.
Träumer: Das OptiMind®-	ISBN 978-3-96304-038-2
Konzept	24€ [D], 24,80 € [A]

Kennen Sie auch Kinder, die ständig auf Hochtouren laufen, sich leicht ablenken lassen, ungeduldig und impulsiv reagieren, unorganisiert und chaotisch wirken, dauernd in Aktion sind und immer sofort ausflippen? Kinder, die zerstreut und vergesslich sind, nicht zuhören und „auf Durchzug" schalten, vor sich hin träumen, nie fertig werden, oft ein „Brett vor dem Kopf" haben und abwesend wirken?
Die einen sind die hyperaktiven „Zappelphilippe", die anderen die „Träumer": Kinder mit A.D.S (Aufmerksamkeits-Defizit-Syndrom). Sie sind meist intelligent, fantasievoll, kreativ und oft sogar hochbegabt. Aber sie können die Flut von Eindrücken, die laufend auf sie einstürmen, nicht richtig filtern. In ihrem Buch zeigen die erfahrenen Therapeuten, wie Sie A.D.S-Kindern helfen können, ihr Leben erfolgreich zu meistern.

Erwachsene und ADS

Als eines der ersten Autorenteams haben wir uns dem Thema ADS im Erwachsenenalter gewidmet und den Ratgeber„ADS. Das Erwachsenenbuch“ veröffentlicht. Es werden speziell Themen, Probleme und Lösungswege für ADS-Erwachsene angesprochen.

Aust-Claus, Dr., Elisabeth / Aust-Claus, Dieter / Hammer, Petra M
A•D•S Das Erwachsenen-Buch

352 Seiten,
4-fbg. Abb. und Illustr.,
15 x 21,3 cm, Broschur
ISBN 978-3-934333-06-2
24 € [D], 24,80 € [A]

Das ist das Buch für alle „liebenswerten Chaoten“, „zerstreuten Professoren“ und „emotionalen Achterbahn-Fahrer“. Das A•D•S Erwachsenen-Buch zeigt allen Menschen mit Aufmerksamkeits-Schwächen und Konzentrations-Schwierigkeiten,wie sie ihr Berufsleben und ihr Privatleben besser in den Griff bekommen können.
Sie bekommen konkrete Hilfen und praktische Tipps, wie Sie Ihre Impulse besser steuern, Ihre Kommunikations-Fähigkeiten verbessern, mit Ihren Emotionen klarkommen, Ihr Chaos meistern, Ihre Finanzen regeln und Ihr Zeit-Management verbessern können.

Lernen lernen

„Auch das Lernen kann man lernen"
stellt praktische Hilfen vor, wie Eltern ihre Kinder bei den ersten Lernerfahrungen in der Schule begleiten können.

Aust-Claus, Dr., Elisabeth / Hammer, Petra M
Auch das Lernen kann man lernen
Was Sie tun können, damit Ihr Kind gut und gern lernt

160 Seiten,
4-fbg. Fotos und Abb.
15 x 21,3 cm, Hardcover
ISBN 978-3-934333-52-9
25 € [D], 25,70 € [A]

Der Leistungsdruck wächst in unserer Gesellschaft. Viele Eltern sind verunsichert oder geraten in Panik, wenn ihr Kind nicht die gewünschten Spitzenleistungen nach Hause bringt. Andere beobachten, wie ihre Kinder sich stundenlang abquälen und doch nur wenig behalten und langsam vorankommen.
Häufig ist die Ursache nicht mangelnde Begabung oder Aufmerksamkeit, sondern schlicht die falsche Lerntechnik. Oft helfen schon kleine Tricks, um den Kindern eine ganz andere Perspektive auf das Thema Lernen zu ermöglichen. Praxisnah und verständlich erfahren Eltern und Kinder hier alles über Lerntypen, Zeiteinteilung und die kleinen Kniffe, die das Lernen leichter machen.

ADS: Die TopTipps für Eltern

TopTipps 1
Erziehung und Förderung des Selbstbewusstseins Ihres Kindes

ADS: Die TopTipps für Eltern
Probleme verstehen – Stärken nutzen – Strategien anwenden
Basisinformationen in vier Ausgaben.

AUTORIN
Dr. Elisabeth Aust-Claus

FORMAT
Broschüre, 80 Seiten

ISBN
978-3-937003-09-2

ADS-Kinder sind ganz besondere Kinder und für Eltern zunächst eine tägliche Herausforderung. Sie lernen nicht aus Einsicht, finden vieles nur ungerecht, hören nicht zu und reagieren impulsiv. Lernprobleme machen oft zusätzlich Sorgen, obwohl Ihr Kind intelligent und phantasievoll ist. Wie können alltägliche Herausforderungen wie der morgendliche Anzieh-Trödel-Terror, das Kinderzimmerchaos, der Hausaufgabenkampf und die Vermeidungsstrategien bei unbequemen Jobs gemeistert werden? Wie kann auch Ihr ADS-Kind seine Talente nutzen, Erfolg haben und selbstbewusst werden?
Der erste Schritt ist, die ADS-Problematik zu verstehen, um dann im zweiten Schritt gezielt bewährte Lösungsstrategien täglich anzuwenden. Die TopTipps wurden aus dem ADS-Elterntraining und der ADS-Therapie so zusammengestellt, damit sie direkt in den Alltag integriert werden können. Durch Ihr Coaching kann Ihr Kind seine Stärken nutzen, Anforderungen gut bewältigen lernen, Freizeit genießen und sich über eine gute Beziehung zu Ihnen freuen.

TopTipps 2
Coaching bei Hausaufgaben – der Weg zum selbstständigen Lernen

ADS: Die TopTipps für Eltern
Probleme verstehen – Stärken nutzen – Strategien anwenden
Basisinformationen in vier Ausgaben.

AUTORIN
Dr. Elisabeth Aust-Claus

FORMAT
Broschüre, 80 Seiten

ISBN
978-3-937003-10-8

Jedes Kind hat Spaß etwas Neues zu lernen, auch ADS-Kinder. Allerdings brauchen Kinder Erfolge und positive Lernerfahrungen, damit die Lernmotivation und Neugier erhalten bleiben. ADS-Kinder befinden sich oft in einem Teufelskreis: Unkonzentriertheit, oberflächliches Arbeiten, mangelnde Anstrengungsbereitschaft und Probleme in den Wahrnehmungsfunktionen führen zu den typischen Lernproblemen bei ADS. Helfen Sie bewährte Strategien anzuwenden, damit Ihr Kind Erfolgserlebnisse hat und seine Talente nutzen kann.

TopTipps 3
Stressmanagement für Eltern – die Balance zwischen Muss und Muße!

ADS: Die TopTipps für Eltern
Probleme verstehen – Stärken nutzen – Strategien anwenden
Basisinformationen in vier Ausgaben.

AUTORIN
Dr. Elisabeth Aust-Claus

FORMAT
Broschüre, 80 Seiten

ISBN
978-3-937003-16-0

In diesem Heft steht nicht Ihr ADS-Kind im Scheinwerferlicht der Aufmerksamkeit, sondern Sie. Wie schaffen Sie es über lange Zeit, schwierige Situationen zu meistern, Zuversicht zu behalten und zufrieden zu sein?

Sie brauchen eine große Portion Energie, um die Herausforderungen jeden Tag zu meistern. Warten Sie nicht, bis Ihr Akku leer ist und Sie sich nur noch erschöpft fühlen, sondern nutzen Sie wie jeder Manager ein persönliches Stressmanagement, um immer wieder Energie aufzutanken und Stress zu reduzieren. Dies ist eine wichtige Voraussetzung, damit Sie Ihrem Kind effiziente Hilfen zur guten Kompensation der ADS-Problematik geben können.
Stress in der richtigen Dosierung schafft Power und Glücksgefühle. Wenn die Balance zwischen Muss und Muße kippt, Stress zu lange die Gedanken und Aktivitäten regiert, resultieren daraus Erschöpfung und Pessimismus. Lassen Sie den Mega-Stressoren nicht so viel Raum und setzen Sie jeden Tag Stress-Killer ein, um Ihre persönliche gute Balance zu finden. Es lohnt sich!

TopTipps 4
Therapie bei ADS - Erfolge ermöglichen

ADS: Die TopTipps für Eltern

Probleme verstehen – Stärken nutzen – Strategien anwenden
Basisinformationen in vier Ausgaben.

AUTORIN
Dr. Elisabeth Aust-Claus

FORMAT
Broschüre, 80 Seiten

ISBN
978-3-937003-15-3

„Nett, erfolgreich, engagiert"?
Können mit diesen Eigenschaften ADS Kinder gemeint sein? Sie werden in diesem Heft viele Beispiele aus der Praxis finden und junge Erwachsene kennen lernen, auf die diese Eigenschaften zutreffen. Sie sind leistungsorientiert, zufrieden und glücklich! Wie finden Sie Lösungen für Probleme und forcieren positive Erfahrungen? Einige Hilfen klappen sicherlich zuhause schon. Analysieren Sie, welche Ziele schon erreicht sind und was ich noch ändern muss. Lernen Sie die effizienten Therapiebausteine kennen und vernetzen Sie diese Hilfen so früh wie möglich. Die Entwicklung Ihres Kindes wird dann geprägt durch viele Erfolgserlebnisse und vor allem durch das Wissen „auch ich habe Stärken und kann Probleme lösen". Je besser die Kompensation, umso deutlicher kommen die eigentliche Persönlichkeit ihres Kindes zum Vorschein. Erfolgsfaktoren sind eine gute Konzentration, systematische Handlungsplanung und emotionale Ausgeglichenheit.

ADS bei Kindern erkennen und Herausforderungen meistern

Aust-Claus, Dr., Elisabeth / Hammer, Petra M
ADS. Eltern als Coach.
Ein praktisches Workbook für Eltern.
Das OptiMind®-Konzept für Eltern mit
Kindern mit und ohne Hyperaktivität.

8. überarbeitete Auflage 2024
184 Seiten
19,80 € [D], 20,0€ [A]
ISBN 978-3-96304-070-2

Der Kampf gegen das Chaos im Kinderzimmer scheint aussichtslos, Regeln werden scheinbar in der Sekunde wieder vergessen und Hausaufgaben sind ein Kraftakt. Die Diagnose Aufmerksamkeitsstörung macht Eltern von betroffenen Kindern zu Coaches, die ihren Schützlingen besondere Werkzeuge an die Hand geben müssen. In diesem ADS-Buch erhalten Sie wertvolle Tipps für den Umgang mit ADS-Kindern mit und ohne Hyperaktivität. So gelingt ein glückliches Familienleben und Frust und Stress haben keine Chance!

- Was Sie als Eltern wissen sollten: das verbirgt sich hinter der Diagnose ADS
- Das OptiMind-Konzept: Umfassende Förderung basierend auf neuropsychologischen Grundlagen
- Erziehungstipps für Eltern: So gelingt ein harmonischer Alltag ohne Überforderung
- Therapie, medikamentöse Unterstützung, praktische Alltagshelfer: Was bei einer Aufmerksamkeitsstörung wirklich hilft
- Stressmanagement für Eltern betroffener Kinder: So beugen Sie Überbelastung vor

8. überarbeitete Auflage

Illustrationen: Claudia Weikert
Gestaltung: Nicoletta Gerlach
Redaktion: OptiMind media

Druck: Dardedze hologrāfija SIA, Riga

Verlag:
OptiMind media
c/o Körner Medien UG
Wannerstraße 1
79106 Freiburg
info@koerner-medien.de
www.oberstebrink.de

ISBN 3-937003-00-9